1 bis, hameau de Tanqueue 78410 La Falaise
Tél. : (00) (33) 01 30 90 10 45
Notre catalogue est téléchargeable au format PDF
sur le site *www.editions-mdv.com*
Retrouvez notre actualité sur le blog
http://www.maitres-du-vent.blogspot.com

ISBN 978-2-35261-063-2

Conception et réalisation : ProEdito (www.proedito.com)
Iconographie : Paule Jorrot

Étienne Bernet

LES CAP-HORNIÈRES

Femmes de capitaines à bord des voiliers long-courriers

MDV MAÎTRES DU VENT

ÉDITIONS BABOUJI

PAGES 4, 37 ET DOS DE COUVERTURE : DESSINS EXTRAITS DE *SUR LES GRANDS VOILIERS* DE MAURICE LE SCOUËZEC, ÉDITIONS BELTAN, BRASPARTS 1992

LES CAP-HORNIÈRES

Tenir des propos, quels qu'ils soient,

à la mode matelote, sur des femmes honnêtes

amène toujours un ouragan de vent debout,

à faire plier les pouces !

(dicton marin)

Préface

Levons d'emblée l'ambiguïté éventuelle : le livre que nous offre Etienne Bernet n'est pas une étude sur les modernes navigatrices qui franchissent le cap Horn, fusse dans le « mauvais sens », mais un hommage aux femmes, épouses de capitaines de navires marchands, qui, accompagnant leurs maris il y a près d'un siècle à bord des grands voiliers aujourd'hui mythiques, éprouvèrent les redoutables conditions de navigation au passage du « Cap dur ».

À l'époque, dans des conditions et des contextes sociaux, culturels, techniques radicalement différents des nôtres, dans un temps où la croisière sous ces latitudes australes n'était pas de mise, ces « cap-hornières » furent les seules femmes à bord, pour des voyages de plusieurs mois au long cours, en opposition à l'image habituelle, et convenue, de la « femme de marin » restant à terre, dans l'attente angoissée du retour.

Dans l'ensemble, elles étaient discrètes, d'autant qu'elles n'avaient pas de fonction reconnue, sinon celle d'épouse du capitaine, de mère de ses enfants. Tolérée comme passagère, elles assuraient cependant, souvent, une présence essentielle et influente pour une vie à bord moins brutale. Si les femmes étaient généralement écartées des navires car « objets maléfiques », « lest du diable », et causes de malheur (mieux valait prévenir l'équipage du chant des sirènes !), de désordres (rivalités, jalousies), ou, au minimum, de contraintes (ne serait-ce que pour contenir la spontanéité du parler matelot…), les cap-hornières étaient aussi, paradoxalement, celles qui pouvaient calmer l'angoisse, voire la panique, des moments de difficultés extrêmes, comme nous le découvrirons pour quelques-unes. Alors que les femmes étaient censées être incapables de supporter de telles conditions de navigation, ou être une charge, voire un handicap, il s'est en fait trouvé des moments où leur présence adoucissait, soulageait, l'épreuve du voyage. Qu'en aurait dit Michelet s'il leur avait consacré un chapitre dans *La Mer* ? Dans la littérature maritime, il n'est pas rare de croiser une photo de cap-hornière mais, jusqu'à cet ouvrage, nous n'avions pas d'étude d'ensemble

Jean-Pierre Castelain, socio-anthropologue, chercheur associé au CETSAH, enseigne l'ethnologie et l'anthropologie. En 1990, il a réalisé avec Yves Leroy l'exposition et le livre *Images de Saint-Pierre et Miquelon*. Il fut chargé de mission dans cet archipel outre-Atlantique par le ministère de la Culture en 1992. Auteur, entre autres, de *Manières de vivre, manières de boire. Alcool et sociabilité sur le port*, Paris, Imago, 1989 ; *Les médecins de Terre-Neuve au French Shore. Une histoire à écrire*, in *Annales du Patrimoine de Fécamp*, 2003 ; *Insularités*, in *Ethnologie française, Territoires en questions*, 2004.

©DR

spécifique, probablement parce que, en l'absence d'archives, beaucoup estimaient ce travail très aléatoire pour un thème jugé peu intéressant. En fait, au contraire, Etienne Bernet met en valeur, derrière leur retenue apparente, la force de la majorité des cap-hornières : à leur manière, et probablement sans qu'elles-mêmes s'en doutent, elles transgressaient la séparation radicale des mondes masculin (en mer) et féminin (à terre). Il ne s'agit évidemment pas de les idéaliser, certaines n'ont pas supporté leur condition et n'ont pas rembarqué, mais beaucoup ont continué durant plusieurs années, parfois avec leur enfant, voire en accouchant à bord.

Nous ne saurons probablement jamais ce qui les motivait fondamentalement, même si pour beaucoup d'entre elles le voyage de noces était déjà une raison suffisante. La photographie, mémoire essentielle de leur présence à bord, révèle un étonnant contraste entre la quiétude des visages et le courage dont les cap-hornières devaient faire preuve pour surmonter l'effroi des navigations dans le grand Sud. Peut-être se considéraient-elles comme des femmes ordinaires, mais ce qu'elles ont accompli ne l'était pas. Seul un passionné d'histoire maritime, comme l'est Etienne Bernet, spécialiste des voiliers terre-neuviers fécampois, pouvait transmettre le récit de leurs voyages.

Jean-Pierre Castelain

ST. JAMES.
NE YORK.

Avant-propos

L'absence d'archives spécifiques à la situation des femmes à bord des grands voiliers d'il y a un siècle et la dispersion des informations disponibles rendent difficile, sinon presque impossible, la mise en place d'une méthodologie de recherche sur le sujet des cap-hornières. Pour mener à bien ce travail nous avons puisé dans plusieurs ouvrages bien connus des passionnés d'histoire maritime, comme ceux des commandants Louis Lacroix, Henri Picard, ou Jean Randier, qui nous ont laissé des témoignages précieux et des récits collectés lors de leurs recherches (voir page 125).
Notre travail a donc consisté à mettre ensemble et à recouper des textes qui présentaient parfois des contradictions, des incohérences, voire des interprétations erronées. Les recouper et les confronter était indispensable et, quand c'était possible, rechercher des approches différentes sur l'histoire d'un même navire nous a permis de restituer des chronologies plus justes. Bien que nous ayons cherché à être aussi complet que possible, nous n'avons pas la prétention d'être exhaustif. Cette étude est forcément lacunaire et le lecteur qui y trouvera des erreurs ou des contradictions voudra bien nous en excuser en espérant que le plaisir de lire et voir ces documents réunis pour la première fois les lui fera oublier.

Jeanne BARRET

Déguisée en marin sous le nom de Jean Baré, elle embarque en 1766 dans l'expédition de Bougainville pour suivre son amant.

Rose de FREYCINET

Réception à Diely, île Timor, de Rose de Freycinet et de son mari pendant le tour du monde de l'*Uranie* (1817-1820).

La dame du « grand-mât »

age 10 : Rose de Freycinet,
ttp://www.museum.wa.gov.
u/collections/maritime/
1arch/treasures/uranie/
)se_etc.html#rose

Dans l'ancienne marine, celle de la voile, on sait qu'une femme à bord n'était pas considérée comme un bon présage. Un dicton disait : *« Longues oreilles et robe noire, autant que cape et moire, mènent marin au désespoir »*, signifiant que tout animal à longues oreilles, mais aussi femmes ou abbés embarqués portaient malheur. Mais un autre le contredisait : *« Croix du Sud, Étoile du Nord et femme à bord conduiront navire à bon port »*. Ainsi, depuis des temps très anciens, en dépit de ces croyances ou superstitions, des femmes suivaient leurs maris-capitaines dans leurs longues navigations au long cours.

Au XVIIe siècle, cette pratique était autorisée y compris dans la « Royale », notre marine de guerre, où les femmes d'officiers qui commandaient les frégates ou les bricks du roi pouvaient suivre leurs maris en campagne. Si on a peu d'exemples d'embarquements autorisés, on en connaît deux clandestins, devenus célèbres : ceux de Jeanne Barret et de Rose-Marie Pinon.

Jeanne Barret, en 1766, embarque clandestinement à bord de la flûte *Étoile* qui fait partie de l'expédition de Louis-Antoine de Bougainville[1] qui va faire le premier tour du monde. Toute présence féminine étant interdite à bord pour cette longue navigation aventureuse, cette femme, avec la complicité de son mari, le naturaliste de l'expédition, Philibert Commerson, réussit à se faire passer pour son domestique. L'expédition descend jusqu'aux îles Falkland, où Bougainville avait fondé une colonie française quelques années plus tôt. Là, sur ordre du roi, il remet solennellement les îles au gouverneur espagnol, puis fait voile pour Tahiti. Les deux complices démasqués sont débarqués sur l'île de France, l'actuelle île Maurice, où le naturaliste poursuit ses travaux avec l'aide de Jeanne. Le 13 mars 1773, Philibert Commerson meurt à l'île Maurice et Jeanne Barret, rentrée en France, va voir son mérite et son courage reconnus ; la cour de justice de Louis XV lui pardonne son infraction et, même, lui octroie une petite rente.

[1] Louis-Antoine de Bougainville (1729-1811) suit Montcalm au Canada en 1756. Entré dans la Marine, après les traités de Paris, il fonde une colonie aux îles Malouines (Falkland), bientôt abandonnée. De 1766 à 1769, il réalise le premier tour du monde à bord de la *Boudeuse*, découvrant Tahiti en 1768.

Rose-Marie Pinon de Freycinet, jeune épouse du capitaine de frégate Claude de Freycinet[2], embarque clandestinement, en 1817, à Toulon, à bord de la corvette *Uranie*. Le capitaine de Freycinet n'a sans doute pas obtenu l'autorisation d'emmener sa femme à cause des difficultés prévisibles et de la durée probable de l'expédition scientifique qui lui est confiée. Quelques heures après l'appareillage de Toulon, on découvre dans un recoin du navire *« (...) un enfant trouvé, un joli petit matelot tout tremblant sous le grain de pluie et cachant son visage dans ses mains beaucoup trop fines, beaucoup trop blanches, disant être le fils du commandant de Freycinet (...) »*. On le conduit devant celui-ci qui, tout ému et surpris, reconnaît sa femme, tout cela n'étant qu'une médiocre mise en scène qui, à bord, ne trompe personne ; cet embarquement n'avait rien de clandestin, du moins pour le mari !

Louis de Freycinet conduit cette expédition en vue de déterminer la forme du globe dans l'hémisphère austral et d'y faire des observations magnétiques et météorologiques. Il est secondé par Louis-Isidore Duperrey, marin et hydrographe. À bord se trouve également, en qualité de savant et de dessinateur de l'expédition, Jacques Arago[3], le frère de François Arago. La corvette *Uranie* est équipée des derniers perfectionnements de l'époque : caisses à eau douce en fer, alambic pour distiller l'eau de mer, substances alimentaires conservées par des procédés nouveaux, etc. La corvette se dirige sur Gibraltar, Ténériffe, Rio de Janeiro et la baie de la Table.

À l'Île de France[4], le passage de l'*Uranie* réveille le souvenir de la « Mère patrie » dans le cœur des habitants de l'île devenus, à leur corps défendant, sujets de Sa Majesté Britannique en 1810. De là, Louis de Freycinet se rend à la baie des Chiens-Marins, sur la côte occidentale d'Australie, qu'il avait déjà visitée à bord du *Naturaliste* avec le commandant Nicolas Baudin lors de l'expédition de 1800-1804. Aucun incident notable ne marque la longue course de la petite corvette de la Nouvelle-Hollande jusqu'à Timor à

[2] Louis-Claude de Freycinet (Montélimar 1779 - Freycinet, Drôme, 1842), frère d'Henri de Saulses, baron de Freycinet, amiral de France. Il dirige, avec Louis Duperrey et Jacques Arago, une mission scientifique chargée d'étudier le magnétisme terrestre et la météorologie. À son retour, il rédige la relation de l'expédition sous le titre *Voyage autour du monde exécuté sur les corvettes de sa S.M. l'*Uranie *et la* Physicienne, de 1817 à 1820, un volume de texte et un atlas de 22 cartes, publiés en 1826. Il fut nommé à l'Académie des sciences en 1826.
Louis-Isidore Duperrey (Paris 1786-Paris 1865), marin et hydrographe, il accompagne Freycinet dans sa circumnavigation, de 1817 à 1820, et commande la croisière de la *Coquille*, en Océanie, de 1822 à 1823. Académicien des sciences en 1842.

[3] Jacques Arago, frère de François Arago (*Estagel*, 1790-Brésil, 1855), était à bord du *Naturaliste* en voyage d'exploration, de 1800 à 1804, en qualité d'enseigne de vaisseau et fut promu lieutenant de vaisseau en 1801, pendant la campagne. Il accompagne de Freycinet de 1817 à 1820. Écrivain, il a publié *Souvenir d'un aveugle* (1839), *Voyage autour du monde sans la lettre A* (1853) et *Deux Océans* (1854).

[4] Île de France, aujourd'hui, l'Île Maurice.

Port-Jackson, passant par les Moluques, les Mariannes et les îles Sandwich. Il repart de Port-Jackson le 25 décembre 1819, pour traverser les immenses solitudes du Pacifique austral, semées d'icebergs et fertiles en tempêtes.

Le 6 février 1820, l'*Uranie* arrive en vue du cap Horn et atteint la baie de Bon-Succès, sur la Terre-de-Feu, lorsqu'une violente tempête oblige de Freycinet à gagner les Malouines. Le 14, la corvette entre dans la Baie française, où Bougainville avait jadis fondé un établissement, lorsqu'il touche sur une roche inconnue. Il parvient à grand-peine à échouer son navire sur une plage, mais les avaries s'avèrent irréparables par les moyens du bord. L'équipage et le personnel civil débarquent tout ce qui peut être mis à terre, y compris et surtout les collections scientifiques. Ils restent bloqués deux mois aux Malouines et pour rentrer en France, de Freycinet achète à Montevideo un navire américain auquel il donne le nom de *Physicienne*. L'équipage, y compris la passagère «clandestine», embarque et le navire fait voile sur la France. Le 13 novembre 1820, il entre au Havre, ramenant le personnel de l'expédition et toutes les collections scientifiques sauvées du naufrage. Jacques Arago dans sa relation du voyage de l'*Uranie*, bien que s'élevant avec fougue contre la présence, sur quelque navire que ce soit, de la femme du capitaine, reconnaît que cette jeune femme de vingt ans *«(...) aidant à hisser les voiles, s'occupant de l'intendance, participant aux travaux scientifiques, tout en gardant sa place, a été vraiment courageuse»*. Il avoue que durant l'interminable périple de l'*Uranie*, la douce et pieuse madame de Freycinet ne fut jamais la cause du moindre ennui, de la plus légère contrainte pour l'état-major : *«(...) cherchant à adoucir la dure existence des matelots, soignant et gâtant les malades et les blessés»* ; tout cela doit être vrai et l'aveu assez pénible pour Arago, mis dans l'obligation de proclamer avec tout le personnel de l'expédition *«(...) qu'aucun reproche ne pouvait être formulé contre Mme de Freycinet à la mer»*.

Aux nombreuses escales, Rose de Freycinet écrivait à son amie Caroline de Nanteuil. Les lettres parvenues à leur destinataire ont été réunies et publiées un siècle plus tard, l'ensemble constituant un journal particulièrement intéressant dans lequel, bonne observatrice, elle jetait un regard neuf sur les mondes qu'elle découvrait.
Elle est probablement la première femme à avoir bouclé le tour du monde maritime sur un voilier au terme d'un voyage qui dura trois années. Elle laissa son nom à l'île Rose, baptisée en son honneur par l'expédition, un petit atoll entrevu le 21 octobre 1819 dans l'est des îles Samoa, et c'est certainement

sous son influence, ou pour lui rendre hommage que le navire, acheté à Montevideo pour ramener l'expédition, est rebaptisé *Physicienne* et non pas *Physicien*[5].

Ce n'est que le 6 juin 1848, dans tout un train d'ordonnances et de décrets réglementaires, qu'est publiée une circulaire du ministère de la Marine : *«(...) portant défense aux officiers commandants de frégates, corvettes et bricks en campagne d'embarquer leurs femmes à bord (...)»*. Interdiction renouvelée le 31 octobre de la même année. Ceci résultait des multiples difficultés causées par la présence de femmes sur des navires aux équipages très nombreux et de la promiscuité que cela engendrait, mais aussi du comportement parfois insupportable de ces «lests du diable» ou «diables en lest» comme les appelle le commandant Hayet[6], plutôt moqueur vis-à-vis de ces femmes amarinées, dont il dit que parfois elles allaient jusqu'à prendre le commandement et embarquaient *«(...) avec une cargaison de gêne permanente»*. Récemment, Jean-Jacques Antier s'est inspiré de l'histoire de ces femmes pour écrire un roman historique, *La dame du grand-mât*, une superbe évasion maritime, située au XVIIIe siècle, dans laquelle se mêle l'aventure, l'histoire, la passion et le drame, portée par un personnage féminin haut en couleur et des portraits de marins plus vrais que nature.

[5] De cette expédition, on pourra lire ce qu'en écrit Rose de Freycinet dans *Journal du voyage autour du monde à bord de l'*Uranie *1817-1820*, éditions du Gerfaut, Paris 2003. Rose de Freycinet est morte à trente-six ans, atteinte par l'épidémie de choléra qui ravageait la France.

[6] Armand Hayet, capitaine au long cours (Bordeaux 1883-Paris 1968), auteur de *Us et coutumes à bord des long-courriers*. Éditions Denoël, Paris1969.

Pour la marine de commerce, on ne trouve que peu de témoignages sur la période de l'ancien régime ; seules les relations de catastrophes maritimes attestent de la présence de femmes à bord de ces petits navires longs courriers, dont le capitaine était souvent l'armateur ou dans lequel il avait des parts. Dans son livre *Les derniers grands voiliers*, le capitaine Louis Lacroix raconte que, tout jeune élève au collège de Nantes, il lui arrivait de rendre visite à sa grand-mère, née en 1826, veuve de capitaine au long cours qui, malgré ses quatre-vingts ans, avait gardé une bonne mémoire et aimait conter les histoires du passé. Souvent il rencontrait chez elle, groupées autour de son grand fauteuil, de vieilles amies, veuves de capitaines elles aussi, qui évoquaient leurs souvenirs. Certaines avaient connu le fils du capitaine de La Couture, miraculeusement rescapé avec sa mère du naufrage du brigantin *Le Tigre*, ou **Mme Bremner**, survivante de la tragédie du *Junon*.

L'histoire de **Madame de La Couture**, à bord du brigantin *Le Tigre*, de Bordeaux, a été rapportée par le capitaine nantais Pierre Viaud, qui partagea cette douloureuse aventure, dans les années 1770. Le navire du capitaine de La Couture était affrété pour aller de Saint-Domingue en Floride. À bord, se trouvaient Madame de La Couture, son jeune fils et le matelot Pierre Viaud. Dans le mauvais temps, le navire désemparé se perdit près de sa destination, sur une île de la côte Ouest de Floride, l'île des Chiens, dans l'archipel des Appalaches. Tout le monde réussit à se sauver, mais l'île des Chiens, sur laquelle ils s'étaient réfugiés, n'offrait aucune ressource, et les naufragés acceptèrent l'offre d'un pêcheur indien qui proposait de les conduire dans sa pirogue, par groupe de trois, au fort anglais de St-Marks des Appalaches. Les premiers partis ne sont jamais arrivés, le pêcheur, nommé Antonio, les assassina, puis le capitaine de La Couture se noya en essayant de gagner un autre îlot.

Madame de La Couture resta seule avec son enfant, un domestique noir et Pierre Viaud. Tous les quatre ne réussirent à traverser un bras de mer sur un radeau de fortune que pour trouver une terre encore plus inhospitalière. À bout de forces, mourant de faim, ils décidèrent de tuer le domestique et de s'en repaître... Mais le fils de La Couture, mourant, dut être abandonné dans un endroit aussi abrité que possible des attaques de bêtes sauvages. Quatre-vingt et un jours après le naufrage, une patrouille anglaise, commandée par le lieutenant Wright, recueillit madame de La Couture et Pierre Viaud à bout de forces. Un détachement fut envoyé à la recherche du jeune garçon dont on trouva le corps violacé, ses plaies aux genoux envahies de vermine. Le croyant mort, les soldats voulurent l'ensevelir mais, le prenant par les jambes, ils sentirent celles-ci se plier dans un sursaut de vie. Ils réussirent à le ranimer et à le soigner. Ils ne furent donc que trois rescapés de ce naufrage, le jeune fils de La Couture ne mourant que cinquante ans plus tard !

L'aventure de **Madame Bremner**, à bord du trois-mâts *Junon*, se situe un peu plus tard, aux Indes. Le capitaine Bremner avait quitté Rangoon, en Birmanie anglaise, à destination de Madras dans les Indes anglaises, sur la côte de Coromandel. C'était fin mai, époque de la mousson du Sud-Ouest qui souffle souvent en coup de vent avec des grains subits et des orages violents. Le navire était armé par un équipage indien, le second capitaine, Jean Mackay, était le seul officier français et il y avait à bord, tout compris, soixante-douze personnes dont un grand nombre de passagers : femmes, enfants et vieillards. Dès le départ, le *Junon*, fatiguée par les mauvais temps continuels perd des voiles, ses embarcations et fait de l'eau de façon inquiétante. Les pompes finissent par s'engorger avec le sable du lest et, le 19 juin, le navire n'est plus qu'une épave, avec son pont submergé.

Les soixante-douze infortunés sont cramponnés au gréement, ou réfugiés dans la mâture. Le 25 juin, les plus faibles meurent ou sont emportés par la mer. Bien que moins robuste que son mari, Madame Bremner résiste mieux que lui et le voit mourir entre ses bras après une agonie terrible. Ce n'est que le 11 juillet que le *Junon* s'échoue à peu de distance d'une plage qui semble déserte, sur la côte d'Aracan, à six jours de marche de Chittagong. Quelques-uns des survivants peuvent gagner la terre à la nage ; le lendemain Madame Bremner, deux autres femmes, deux vieillards et un jeune homme peuvent atteindre la terre, portés par la marée sur les débris disloqués du navire. Tous ceux qui avaient survécu aux vingt jours de souffrances atroces endurées sur l'épave sont recueillis par des Rayas (paysans indiens), soignés et rapatriés dès leur rétablissement. Jean Mackay reprend la mer au bout de quelques mois ; Madame Bremner se remarie.

Au XIXe siècle, après les guerres de l'Empire, quand le commerce maritime est relancé il semble que l'embarquement des femmes était devenu comme allant de soi. Jusqu'à la fin du siècle, les exemples ne manquent pas. **Hortense Lancelot**, qui épouse le capitaine Pierre Bureau dans les années 1860, et part de Nantes pour Alger en guise de voyage de noces, à bord du brick *Phœbus*[7], le navire de son mari, capitaine armateur, ou **Mme Félix Bernard**, qui, le 15 mars 1880, à bord du *Préfet-Paul-Féard*, accouche d'un petit garçon prénommé Georges, qui deviendra à son tour capitaine au long cours. Mais c'est surtout à bord de ces petits voiliers qu'on appelait « les Antillais », armés à Nantes ou au Havre pour de courts voyages de quatre à cinq mois, que les femmes suivaient leurs maris-capitaines.
Mme Clotilde Macé, femme du capitaine Baptiste Macé qui, elle aussi, fait son voyage de noces à bord de la *Louise*[8], le navire de la famille armé pour la Trinidad, en 1889. Surnommée « la reine de la Martinique », elle navigua plusieurs années. Secrétaire de son mari, elle était incollable en droit maritime, notamment sur les problèmes d'assurance. **Mme Arnaudtizon**, épouse du capitaine Ludovic Arnaudtizon, embarque à bord du petit trois-mâts *François* et **Pauline Jeanno** sur le trois-mâts *Paramé* dans les années 1900.

D'autres exemples encore, comme cette **Mme Joubert** qui s'indignait de la nudité des indigènes dans les ports d'escale ou **Mme Pateau** qui accompagna son mari dans les pays nordiques. Louis Lacroix disait de ces femmes que dans toutes les circonstances, même parfois très cri-

[7] *Phœbus*, petit brick de 219 tonneaux construit en 1857, à Chantenay par les chantiers Sevestre, appartenant à Pierre Bureau, pour 473 parts, Garaud, négociant, pour 188 parts et Sevestre, le constructeur, pour 187 parts. Naufragé le 7 juillet 1881, à Lagos (Nigéria).

[8] *Louise*, fort trois-mâts goélette de 500 tonneaux, construit à Saint-Servan en 1877, armé à Nantes.

tiques, que traversait le navire, elle firent toujours preuve d'un courage étonnant et d'un sang-froid remarquable. D'autres encore, **Mesdames Joubert, Bourcier** ou la récidiviste **Bernadac** qui embarque sur le trois-mâts *Jacques* en 1900 pour trois voyages en Nouvelle-Calédonie et en Australie.
Marie Chauvelon, épouse du capitaine Julien Chauvelon embarque, elle, sur le trois-mâts *Belem*, également pour son voyage de noces, du 3 juin au 3 septembre 1904. En trois mois, son périple la conduit de Saint-Nazaire à Belem, au Brésil, pour revenir ensuite sur Nantes. Dix ans plus tard, elle fera le dernier voyage au commerce du trois-mâts *Belem* avec son mari. Le capitaine Chauvelon sachant qu'il allait devoir quitter ce navire qu'il commandait depuis 1901, a tenu à partager cette dernière campagne avec sa famille : Marie Chauvelon, Anne et Jeanne, leurs deux petites filles, et Constance la gouvernante. Le navire, armé à Nantes par la société des Armateurs Coloniaux, quitte son port d'attache le 6 septembre 1913, touche Fort-de-France et, après une escale à Saint-Nicolas d'Aruba où il charge des phosphates, est de retour à Nantes le 31 janvier 1914 : un beau voyage, de quatre mois et vingt-cinq jours.

> Louis Lacroix nous donne une conclusion à cette première approche : *« (…) Presque invariablement, les vieilles amies de ma tante disaient : "Comment des femmes, à même de rester à terre, peuvent-elles, s'aventurer ainsi sur l'eau ? (…). Se peut-il que des jeunes filles désirent encore épouser des marins pour partager de pareils risques (…)" et j'ai souvenance qu'une des habituées de ces réunions fit cette réponse : "J'ai comme vous l'expérience de la vie, bien des deuils ont assombri ma longue existence, mais je suis femme de marin, mon père est mort en mer, et si j'avais une fille je ne l'empêcherais pas de faire ce que j'ai fait." ».*

Nous avons pu identifier quarante-cinq épouses autorisées à embarquer à bord des navires de leurs maris, totalisant plus de quatre-vingts embarquements, entre 1897 et 1921. Le phénomène n'est donc pas marginal et, comme beaucoup de leurs ancêtres, la plupart d'entre elles embarquent pour leur voyage de noces. Les capitaines ne se mariaient qu'après avoir obtenu leur brevet de capitaine au long cours et s'être vu confier un premier commandement. « Jeunes capitaines, jeunes mariés », le premier commandement correspondait souvent aussi au voyage de noces Ainsi, perpétuant une pratique ancienne, l'embarquement d'épouses de capitaine à bord des

Le capitaine E. Gates-James et son épouse dans le carré du clipper britannique *Lynton*. Port Blakely, 1905.

Le capitaine Gus Peterson et son épouse, sur la dunette du *C.A. Thayer*, San Pedro, 1905.

grands voiliers de la fin de la voile, n'était pas un phénomène nouveau, ni exceptionnel, de même que l'embarquement de jeunes enfants du couple. Mais il apparaît que cette pratique fut quantitativement moins importante en France que chez les Scandinaves ou nos voisins anglais.

Sur les longs courriers anglo-saxons

Dans les pays scandinaves, c'était une tradition : les capitaines de navires long-courriers partaient toujours avec leur femme. Il en était de même pour nombre de capitaines anglais dont les femmes naviguaient à longueur d'année à bord des grands clippers du thé ou du coton. Mais elles découvraient alors un autre homme, très différent, grand « torcheur de toile », naviguant dans des conditions extrêmes et devant parfois faire face à des équipages difficiles ; beaucoup de jeunes femmes ne faisaient qu'un seul voyage. Malgré cela, certaines s'efforçaient d'embarquer aussi souvent que possible. Ce fut le cas d'**Eleanore**, épouse de Josiah Perkins Creesy qui embarque à bord du célèbre *Flying Cloud*[9] pour son voyage inaugural, en 1851. Passionnée de navigation, à l'aide des nouvelles cartes marines dressées par Matthew Fontaine Maury[10], elle détermine elle-même la route du clipper vers le cap Horn, et l'on raconte qu'elle fut pour beaucoup dans le fameux record établi par le *Flying Cloud* sur la route de San Francisco.

Moins heureux, le clipper anglais *Thomas Stephens* de l'armement Stephens & Son de Londres, dans les années 1880, perdit du jour au lendemain sa réputation de bon marcheur. On invoqua son plan de voilure modifié et sérieusement réduit et on accusa la **femme du capitaine W. Cross**, très nerveuse et ne supportant pas l'inconfort d'un navire trop chargé de toile par gros temps, d'en être la cause.
Plus docile, **la femme du capitaine E. Gates-James** se contenta d'accompagner son mari sur le clipper britannique *Lynton*[11] de l'armement Johnson Sproule & Co tout au long de six voyages, de 1900 à 1906.
De même, **Madame Mac Donald**, femme d'un capitaine canadien, embarque sur le quatre-mâts barque *Dunstaffnage* avec sa jeune fille de treize ans pour plusieurs voyages au Japon, de 1903 à 1906. C'est le cas encore de la **femme du capitaine Angus Mac kinnon** qui voyage avec son fils sur le trois-mâts *Kinroshire*.

[9] *Flying Cloud*, trois-mâts en bois de 1793 tonneaux, construit en 1851 par Donald Mac Kay à East Boston, célèbre clipper du thé de la Black Ball Line.

[10] Matthew Fontaine Maury (1806-1873), océanographe américain, père des « Pilot charts » (cartes marines) qui révolutionnèrent les routes maritimes de la navigation à voile, fondateur du Bureau d'hydrographie américain.

[11] *Lynton*, quatre-mâts barque de 2531 tonneaux construit par les chantiers Evans sur la Mersey en 1894. Coulé par un sous-marin le 21 mai 1917.

[12] Le *Sea Witch* était un clipper du thé. En 1849, lors de son troisième voyage, commandé par Bob Waterman, il fait une traversée record, entre la Chine et New York, qui rapporta une fortune à ses affréteurs et au capitaine Waterman qui prit sa retraite.

[13] *Neptune's Car*, trois-mâts en bois de 1 616 tonneaux construit en 1853, à Portsmouth, armement Foster & Nickerson.

Depuis longtemps les capitaines américains, qui avaient souvent des intérêts dans les navires qu'ils commandaient, voyageaient eux aussi en compagnie de leurs femmes. Dans les années 1840, **Cordelia, la femme de Bob Waterman**, embarque avec son mari sur le *Sea Witch*[12], mais ne fait qu'un seul voyage, invoquant que l'humeur du capitaine changeait complètement dès qu'il mettait les pieds à bord de son navire. À la même époque, **Sarah Low** embarque avec son mari, Charles Low, sur le *NB Palmer* pour un voyage en Chine. Les jeunes époux formaient, paraît-il, un couple charmant et plein d'entrain. Les festivités qu'ils offraient à bord dans les ports chinois avaient un tel attrait que ce clipper à l'accastillage rutilant, armé de petits canons de bronze et orné d'un liston doré fut bientôt surnommé « le yacht ». Malgré les conditions parfois difficiles de la vie en mer, Sarah Low continua de naviguer et ses deux fils naquirent à bord. Le premier vit le jour dans des circonstances dramatiques, alors que le navire venait tout juste d'entrer dans le port de Batavia ; près avoir heurté un récif en mer de Chine, une voie d'eau s'était déclarée et le clipper menaçait de sombrer à tout moment.

Autre moment dramatique, l'aventure de **Mary Ann Patten** est toutefois restée dans les mémoires comme un bel exemple de courage et de dévouement. En 1856, la femme de Joshua Patten voyageait avec son mari sur le clipper américain *Neptune's Car*[13], alors sous les couleurs de la Nouvelle-Angleterre. Le trois-mâts appareilla de New York, le 1er juillet, et le navire approchait du cap Horn, quand le second fut consigné dans sa cabine pour incompétence et faits d'insubordination grave. Quelque temps plus tard, le capitaine Patten présenta tous les symptômes de la tuberculose ; son cas empira rapidement, au point que, devenu aveugle, il sombra dans le délire puis dans un coma profond. Le second aux arrêts était incompétent et le lieutenant, bien que bon marin, ne connaissant rien au calcul logarithmique, ne pouvait diriger le bâtiment. Mary Ann Patten s'était initiée à la navigation au cours d'un voyage précédent et c'est elle qui, malgré ses dix-neuf ans et une grossesse de plusieurs mois, prit le commandement du clipper !

Elle réunit l'équipage et fit part aux marins de la situation dramatique dans laquelle ils se trouvaient et de ses intentions. Elle sut trouver les mots nécessaires pour que ces hommes, peu enclins à obéir aux ordres d'une jeune femme, coopèrent avec zèle et dévouement. De mémoire de capitaines, l'hiver 1856 a été l'un des plus terribles qu'ils aient connu dans

l'hémisphère Sud ; les tempêtes se succédaient sans répit et le *Neptune's Car* mit cinquante jours pour franchir le cap Horn. Hurlant ses ordres dans un porte-voix, Mary Ann Patten ne quittait la dunette que pour apporter des soins à son époux malade. Le clipper entra en baie de San Francisco le 15 novembre, après une longue traversée de quatre mois et demi. En reconnaissance de ses services, une collecte recueillit 1 399 dollars qui lui furent remis lors d'une cérémonie émouvante.
Joshua Patten décéda huit mois plus tard ; entretemps, sa courageuse épouse lui aura donné un fils. Cinq années après, le 17 mars 1861, elle succomba atteinte elle aussi par la terrible maladie, mais elle est restée dans les mémoires comme la « Florence Nightingale de l'océan »[14].

Moins spectaculaire mais tout aussi évocateur est le destin du trois-mâts *Alex Gibson*, de San Francisco, disparu corps et biens en 1903, sur lequel le capitaine naviguait avec sa femme et ses deux petites filles. Il quitte Sydney au mois d'octobre 1903 et l'on n'entendit plus jamais parler de lui. Plus heureux sont les cas de **la jeune épouse du capitaine Tapley** qui voyage avec son jeune fils et le chien de la famille à bord du *Saint-James*, un beau voilier de New York, ou celui de **Madame Peterson**, femme du capitaine Gus Peterson, qui embarque à bord du beau trois-mâts *C.A. Thayers*[15] de San Francisco *(voir photo page 18)*, pour un voyage vers l'Australie, en 1905 ; les belles histoires d'embarquement réussi ne manquent pas.

[14] Florence Nightingale (Florence 1820-Londres 1861). Considérée comme une pionnière du métier d'infirmière, elle se rebella contre les conventions de son temps et choisit le métier d'infirmière, alors dévalorisé et réservé aux pauvres. En 1853 elle devint superintendante à l'*Institute for the Care of Sick Gentlewomen.* Son succès le plus marquant fut sa participation à la guerre de Crimée.

[15] *C.A. Thayer*, schooner à trois-mâts construit en 1895, armé pour l'Australie, puis pour l'Alaska, par la Salmon Packet, et pour la pêche de la morue en mer de Behring. Dernier voilier à naviguer sous les couleurs américaines.

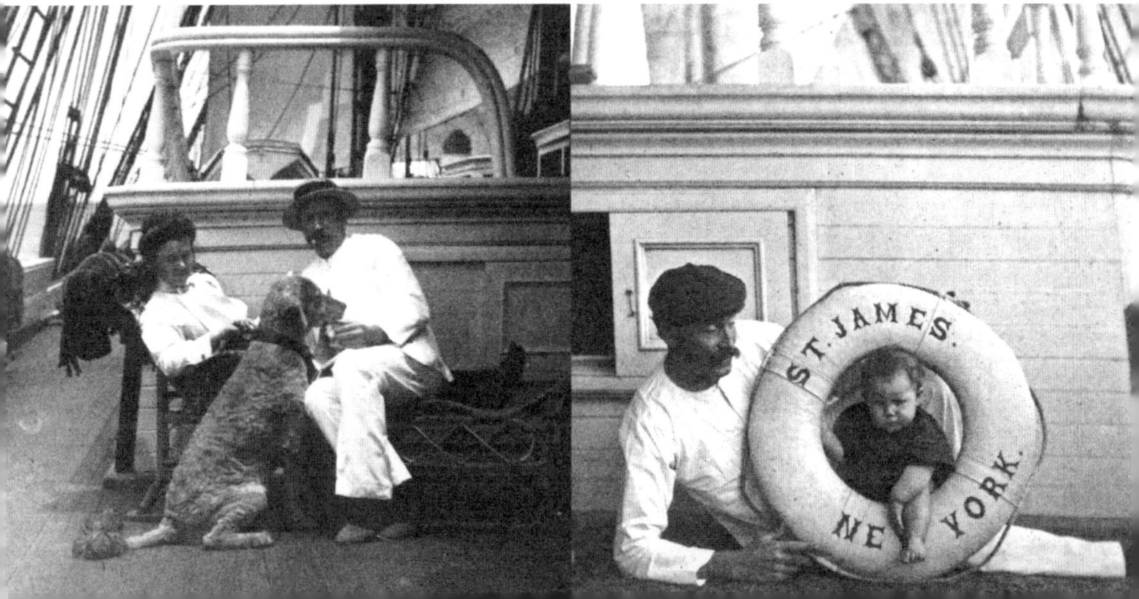

Le capitaine américain Tapley et son épouse, avec leur bébé à bord du *Saint-James.*

Cap Pilar armé à la grande pêche. © DR - COLL. DE L'AUTEUR

Le voyage de Jane Batterbury

On peut penser que la dernière femme anglo-saxonne qui ait suivi son mari sur un navire à voile à travers le monde a été **Jane Batterbury** qui, en 1936, à peine âgée de dix-sept ans, a épousé Adrian Seligman, puis est partie avec lui pour un long voyage de deux ans sur le petit trois-mâts *Cap-Pilar*.

En 1930, Adrian Seligman, fils d'un industriel anglais, après des études médiocres à Cambridge, embarque sur ces grands voiliers mythiques qui, entre les deux guerres, font encore la course du blé depuis l'Australie ou l'Oregon. Il est d'abord sur le quatre-mâts finlandais *Killoran*, puis sur le quatre-mâts *Olivebank*, de l'armateur Gustav Erikson. En 1935, à Vancouver, sur le *Ramsay*, son dernier embarquement, plusieurs officiers étant malades il fait la traversée de retour vers l'Angleterre en qualité de second. Il débarque avec son brevet et rentre à Londres où il retrouve ses amis d'enfance, George et Jane Batterbury, et apprend que le décès de son grand-père lui laisse un héritage de 3 500 livres, une fortune dans les années trente, en pleine dépression économique. Assez d'argent en tout cas pour tenter d'accomplir son rêve : acheter un bateau pour faire le tour du monde.

Adrian Seligman, qui vient d'épouser Jane, associe son ami George, frère de celle-ci, à son projet, puis part en voyage de noces en Finlande. À Helsingfjord, il retrouve le jeune capitaine Lars Paersch avec qui il a navigué sur le quatre-mâts *Olivebank*. Tous les trois louent un cotre pour gagner Stockholm et voir un schooner à vendre. C'est le premier voyage en bateau pour Jane. Ils ne font pas affaires et regagnent l'Angleterre au mois de juin. Leur ami Lars Paersch, capitaine breveté ayant une bonne expérience de la mer, s'associe à l'aventure et les rejoindra plus tard.

De retour à Londres, Adrian, Jane et George partent pour la France chercher un bateau. À Saint-Malo, on leur propose le *Cap-Pilar* sur lequel ils portent un jugement sévère : *« Trois-mâts (...) avec de la mousse recouvrant les ponts pourris, des morceaux de voiles s'éraillant des vergues (...) »* jugement sans doute exagéré, le bateau ayant fait une bonne campagne de pêche l'année précédente. Parallèlement, ils avaient mis une annonce dans le *London Times*, cherchant six jeunes hommes ayant cent livres à mettre dans l'aventure pour contribuer aux dépenses. Ils ont très rapidement trois cents postulants et les journalistes s'intéressent à leur projet ; ils sont célèbres avant même d'avoir trouvé un bateau !

[16] En français dans le texte.

[17] Enfourner : un bateau enfourne quand il plonge son avant dans la lame et ne se relève que difficilement.

À Saint-Malo, ils louent une vieille Citroën et partent à le recherche d'un navire, visitant Cherbourg, Le Havre, Fécamp, Dieppe. Finalement ils reviennent à Saint-Malo et visitent à nouveau le *Cap-Pilar* qui leur paraît moins triste que la première fois. Deux jours plus tard ils ont le rapport de l'expert maritime et déclarent au courtier : *« Nous l'acceptons ! »*[16]. Sous réserve que le bateau soit prêt à prendre la mer un mois plus tard, Ils achètent ce robuste trois-mâts de 118 pieds et 295 tonneaux ; un solide navire comptant plus de vingt campagnes de pêche à Terre-Neuve. Le jeune capitaine Lars Paersch arrive de Finlande et un ami de la famille, le capitaine de frégate J. R. Stenhouse – qui a navigué sur le *Discovery* de Shackleton –, vient à son tour pour les aider. Le remorqueur *Warped* conduit le *Cap-Pilar* à Londres avec un équipage de volontaires. Les premiers hommes sont enrôlés, équipage hétérogène comprenant un médecin, un biologiste, un professeur, un jeune étudiant, un manœuvre, un jardinier, on y trouve aussi un ingénieur mécanicien en ventilation, un avoué et un ex-trésorier de la Royal Navy. Le plus jeune a dix-huit ans, le plus vieux vingt-huit ans. Enfin, le journaliste Gelder, doit couvrir l'histoire à plein temps.

Adrian Seligman a juste ce qu'il faut pour acheter le navire et apporter quelques améliorations, notamment l'installation de logements plus confortables à l'arrière, l'équipage sera logé dans le poste avant comme font les terre-neuvas. Il fait installer des chaloupes en remplacement des doris laissés à Saint-Malo ; le gréement de terre-neuvier, facile à manœuvrer avec un équipage réduit, est conservé. Mais il manque de fonds pour équiper le navire d'un moteur auxiliaire et emprunte 1 400 livres pour l'avitaillement en vue d'un voyage de deux ans. Fin septembre, le *Cap-Pilar* est prêt, l'équipage compte dix-neuf personnes dont son épouse Jane, le journaliste Gelder et les hommes du gaillard d'avant, des *romantics* qui ont investi chacun cent livres dans l'entreprise.

Le navire quitte Londres avec deux invités, le père d'Adrian et le commandant Stenhouse. Il relâche à Plymouth où, le mardi 29 septembre, Duncan

Mac Donald, qui n'a entendu parler de cette expédition que le matin même, a tout quitté, famille et travail, pour les rejoindre. Le père d'Adrian et le commandant Stenhouse quittent le bord et le navire prend la mer le 30 septembre 1936, à onze heures du matin sous le commandement du capitaine Lars Paersch, Adrian Seligman, armateur, remplissant les fonctions de second capitaine.

Deux ans autour du monde

Le *Cap-Pilar* fait voiles sur les Açores amis. À peine passé le phare d'Eddystone, il essuie les tempêtes d'automne en Manche, la saison n'étant sans doute pas la mieux choisie pour partir. Les hommes logés dans le gaillard d'avant ne sont pas tous marins ; seuls trois d'entre eux ont déjà navigué. Et plusieurs sont malades. Le capitaine Lars Seligman doit faire preuve d'autorité pour que les nouveaux marins réduisent la toile dans une tempête qui dure deux jours. Sans doute préparé trop hâtivement pour ce voyage, le *Cap-Pilar*, qui n'a pas été radoubé avant son départ, n'est pas en très bon état. Le navire est mal lesté, les paquets de mer balaient le pont et il « fait de l'eau ». Pour assécher les cales les pompes doivent être utilisées en permanence. Dans la baie de Biscaye, il roule et enfourne[17] lourdement ; à la fin, tout le monde est malade.

Il faut rappeler que c'est un navire de pêche construit pour les bancs de Terre-Neuve, conçu pour naviguer continuellement en charge, avec un « complet » de sel au départ en campagne et le produit de sa pêche au retour. Le lest y était donc secondaire puisque naturellement fourni par la cargaison. Mais pour cette nouvelle navigation, il prend toute son importance. Le *Cap-Pilar* fait escale à Funchal (Madère) pour permettre à l'équipage de se reposer et pour déplacer le ballast mal réparti et donner une meilleure stabilité au navire. L'escale va être courte : depuis le mois de juillet, en Espagne, la guerre civile fait rage et les Açores y jouent un rôle important.

Le *Cap-Pilar* relève pour Santa Cruz de Ténérife (Canaries) et, le 27 octobre, fait voile pour Rio de Janeiro, via les îles du Cap-Vert. L'équipage a acquis un peu d'expérience et se connaît mieux, mais le navire est lent. Ralenti quatorze jours dans les calmes plats, il n'arrive au Cap Frio qu'après quarante et un jours de mer. De Rio, le *Cap-Pilar* continue sa route, touche Tristan da Cunha à Noël, où deux membres de l'équipage quittent le bord et sont remplacés par José, un insulaire tenté par l'aventure. Ils font voile pour Le Cap où ils arrivent le lundi 15 février 1937, après douze jours de mer. Mais, le navire mal préparé, après seulement quatre mois et demi de navigation, a besoin d'un nouveau jeu de voiles, il fait beaucoup d'eau, la cale est envahie et les provisions détruites ; il doit être mis au sec pour un grand carénage.

Au Cap, le voyage marque le pas. Jane attend un enfant et Adrian Seligman est confronté à de sérieux problèmes financiers. Du Cap, ils vont mouiller au Nord, à Saldanah Bay pour radouber. Une courte traversée qui va prendre cinq longues journées pour ce navire qui n'est plus très naviguant. Il y a des dissensions au sein de l'équipage qui se voit accordé une semaine de vacances, mais plusieurs abandonnent, comme Alan Roper qui quitte le bord pour travailler dans une ferme. Le *Cap-Pilar* reste deux semaines à Simon Town. Seligman se plaint : *« (...) mes plans changeaient chaque semaine (...) »*. Heureusement, de l'argent inattendu lui arrive d'Angleterre et quatre jeunes sud-africains se joignent à l'équipage, contribuant chacun aux dépenses à hauteur de soixante-quinze livres. L'équipage comprend maintenant sept nouveaux membres : un photographe de trente-quatre ans, un musicien, un comptable, le fils du maire du Cap, un cadet du *Joseph Conrad*, le bateau-école d'Alan Villiers, George Smith, un gabier en retraite de la Royal Navy, un instructeur du bateau-école *Général Botha* et une dernière recrue, Jack Ovenstone, âgé seulement de dix-sept ans, qui venait voir le bateau tous les matins dans une limousine avec chauffeur ; des recrues hélas pas toutes expérimentées.

En mars, le *Cap-Pilar* est à nouveau prêt à prendre la mer, destination Hobart, en Tasmanie. Mais Jane qui a des problèmes de grossesse reste à terre ; elle rejoindra le navire à Sydney par un vapeur de ligne. Ils font voile à travers l'océan Indien, parcourant deux cent vingt miles par jour, souvent dans le gros temps où plusieurs des nouveaux membres de l'équipage sont malades. Le 28 mai, après quarante jours de mer, ils reconnaissent Eddystone Rock et touchent Hobart. En juillet, ils relèvent pour Sydney où Jane, qui n'a pas encore accouché, les attend sur le quai ; ils font les gros titres de la presse. Mais le jeune Ovenstone, celui qui se faisait conduire à bord tous les matins dans une limousine avec chauffeur, est malade et rentre chez lui ; José le marin embarqué aux Açores quitte aussi le bateau, ils sont remplacés par trois nouvelles recrues. Le lundi 28 juin, le *Cap-Pilar* quitte Sydney pour Auckland où Jane les rejoindra. Il touche ce port le 13 juillet, après neuf jours de navigation très dure.

Jane les a rejoints par le bateau de ligne américain *Monterey* et la petite Jessica va naître à Auckland, le vendredi 16 juillet. Adrian et Jane font une pause à cause du bébé, ils louent un cottage à Mont Eden et un ami leur prête une Ford V-8. Les week-ends, ils voyagent dans la campagne et font du ski en montagne. Mais Adrian est confronté à une nouvelle crise financière entraînant la mauvaise humeur de l'équipage et de nouveaux départs. Deux nouveaux membres sont recrutés apportant leur contribution financière, mais, avec Jessica à bord, Adrian juge utile d'avoir un médecin pour reprendre la mer. Son ami, le docteur Stenhouse les rejoint, apportant non seulement l'argent qui fait défaut, mais aussi un poste de radio et 1 200 œufs congelés achetés en Nouvelle-Zélande.

Le 17 septembre 1937, après une longue escale de plus de deux mois, ils repartent pour une croisière parmi les îles du Pacifique Sud, cette fois avec Jane et Jessica à bord. Ils font route vers les îles Gambier, Rapa et Nouka Hiva, aux îles Marquises. Il y a vingt-huit personnes à bord et ils impriment un journal : le *Caterpillar* (la chenille), jeu de mot anglicisant *Cap-Pilar*, mais peut-être aussi moquerie sur la lenteur du navire. Le *Cap-Pilar* est un bateau robuste, construit pour la pêche mais lourd et sous-voilé ; c'est un médiocre marcheur, la route parcourue à son meilleur jour est de deux cent vingt milles, réalisant ses meilleures vitesses à six nœuds. Ils font escale en Nouvelle-Guinée, manquent de se perdre dans les courants dans l'archipel des Tuamotou, passent Noël dans l'archipel d'Hao avec les indigènes. Mais le docteur Stenhouse est dépressif, à bord l'ambiance est mauvaise, et les querelles sont fréquentes.

Ils reprennent la mer pour les côtes du Chili le 6 février 1938, reconnaissent les Andes quarante-quatre jours après avoir quitté Hao, font escale à Callao, le port de Lima, et visitent les Andes en train. Mais le bateau est infesté de puces et ils décident de repartir rapidement. Malheureusement, juste avant leur départ pour les îles Galapagos, Jane a une crise d'appendicite, elle est hospitalisée en urgence dans un hôpital américain et George, son frère, reste à terre avec elle et la petite Jessica.

Le *Cap-Pilar* mouille à la baie des Naufragés ; ils explorent les îles et reprennent la mer le 5 avril, coupent la ligne de l'Équateur où une cérémonie est organisée pour ceux qui « passent la ligne » pour la première fois. Le 1er mai, ils atteignent Panama, où George, Jane et Jessica les ont rejoints par la ligne régulière de vapeurs. Ils franchissent les écluses du canal et, de retour dans l'océan Atlantique, remontent vers la Jamaïque où ils sont confrontés à la révolte des Noirs, travailleurs du sucre qui se battent pour leur indépendance. Le 11 juin, ils quittent la baie de Montago, au nord de l'île, et font escale à Grand Cayman. De là, ils gagnent Miami, puis relèvent pour New York ; ils y sont bien accueillis. Mais Howard Hughes vient de faire un vol aérien sans escale autour du monde et donne une gigantesque réception à Broadway : leur arrivée ne mobilise pas la presse et passe inaperçue.

En juillet, Mary, la sœur de Jane, leur rend visite et repart avec la petite Jessica, âgée d'un an, et sa mère pour une visite en famille au Canada. Le 25 juillet, le *Cap-Pilar* descend l'Hudson et reprend la mer pour gagner Halifax où Jane et Jessica les rejoignent. Ils quittent Halifax le 14 août, le voyage de retour se fait par l'Atlantique Nord et les bancs de Terre-Neuve, à travers la flottille des navires terre-neuviers en pêche parmi lesquels le *Cap-Pilar* se trouvait trois ans plus tôt. Le 11 septembre, ils reconnaissent le cap Lizard et le 24 septembre 1938, le *Cap-Pilar* est amarré aux docks d'East-India de Londres, il ne reste à bord que neuf membres de l'équipage originel. Le capitaine Lars Paersch part rapidement pour la Finlande ; Jane et Jessica quittent Londres en voiture pour Wimbledon.

Jane Batterbury n'a que dix-neuf ans quand elle revient de ce tour du monde et la petite Jessica quinze mois. Ce voyage ne fut sûrement pas une croisière idéale : les soucis financiers récurrents pour le couple et la mauvaise humeur d'un équipage hétérogène et vraisemblablement peu marin, aggravait le poids d'une grossesse itinérante. Son accouchement la laissant seule à terre pendant quatre mois, entre l'Australie et la Nouvelle-Zélande. À nouveau à terre pour trois mois au Chili, en février 1938, malade, son frère reste avec elle et ensemble il gagne Panama. Elle quitte à nouveau le bord à New York pour deux mois, mais réembarque pour la traversée finale de l'Atlantique Nord et finit tout de même le voyage avec son mari.

Jane Batterbury a passé quinze mois en mer sur les vingt-quatre d'un voyage hors du temps, loin des graves crises prémonitoires qui secouent le monde. Elle n'est pas cap-hornière, mais elle est vraisemblablement la dernière femme à avoir embarqué avec son mari-capitaine, et à avoir navigué sur tous les océans du monde sur un vieux voilier, avant que ceux-ci ne disparaissent complètement.

Les femmes à bord des grands voiliers français

Sur les navires de commerce français, les femmes qui suivaient leurs maris avaient le statut de « passagères », et leur embarquement était strictement soumis à l'autorisation de l'armateur. La plupart y étaient formellement opposés, notamment le plus important d'entre eux, l'armement A.D. Bordes, ou la Société anonyme des voiliers nantais qui armait dix-sept grands navires de charge. Ceux qui le permirent sont peu nombreux : dix-neuf, peut-être vingt, sur les quatre-vingts armements créés après la loi de « primes à la navigation » de 1893, mais il y allait parfois du rendement de leurs navires.

Certaines femmes ne feront qu'un seul voyage, d'autres accompagneront leurs maris plusieurs années. C'est ainsi que **Madame Pierre Stéphan** fait trois voyages en Nouvelle-Calédonie, passant trois fois le cap Horn ; **Madame Condroyer**, fait neuf voyages à bord du trois-mâts barque *Suzanne* ; **Madame Rosé** navigue quarante-huit mois sur le trois-mâts *Michelet* ; **Madame Ledru**, six années sur les trois-mâts *Buffon* et *La Pérouse* ; **Madame Chevalier**, neuf années à bord du trois mâts *Bretagne*, en temps de paix comme en temps de guerre. Chose extraordinaire, même si elles ne sont pas nombreuses, quelques-unes se trouvent à bord des voiliers long-courriers pendant la guerre de 1914-1918, telles **Mesdames Chevalier**, **Delanoë** ou **Jeannin**, les unes comme passagères « régulières », d'autres en « clandestines ».

Les grands voiliers embarquaient un équipage nombreux, nécessaire pour manœuvrer les immenses surfaces de toile qu'ils portaient. C'était la cause de la promiscuité qui régnait à bord.
© DR

Le commandant Louis Lacroix écrit : *« Celles qui partaient, souvent filles de marins, connaissaient tous les aléas de cette existence aventureuse que le fait d'être femme rendait encore plus risquée peut-être ; danger d'une maternité, grossesse difficile, accouchement en mer ; dangers de toute nature, qu'une femme pouvait encourir seule à bord, si son mari venait à disparaître, etc. D'autres, inconscientes des périls qu'elles allaient courir, entraînées par l'enthousiasme et la fougue de leur jeunesse, partaient confiantes et heureuses de suivre celui auquel elles s'étaient données sans retour (...). Le tranquille et simple courage de ces femmes suivant leurs maris partout (...) était pour beaucoup un sujet d'étonnement (...)».*

Il semble qu'il n'y eut jamais de mauvais traitements à l'égard de femmes de capitaines et, sans qu'il ait été besoin de recommandations, de leçons ou d'ordres formels, d'une manière générale, les matelots observaient à l'égard de la «dame du grand-mât»[18] la plus grande correction. Une attitude constatée au cours des siècles passés jusqu'aux derniers jours de la voile. Le capitaine Delanoë, qui navigua plusieurs années avec sa femme et leur fille Marcelle à bord du trois-mâts *Le Pilier*, disait que : *«(...) ni lui, ni ses officiers n'eurent jamais à intervenir auprès de leurs équipages successifs pour obtenir une tenue ou un langage suffisamment honnête et réservé. Dès que la fillette apparaissait sur la dunette, ou s'échappait sur le pont, les marins d'eux-mêmes s'abstenaient de gestes équivoques, expurgeaient leurs conversations ou leurs interpellations de ces qualificatifs vigoureux, de ces comparaisons imagées, éminemment maritimes (...)».*

Mais les risques étaient là, réels, et tous les voyages ne se passèrent pas sans difficulté et sans malheurs. Il y eut des naufrages, comme celui du trois-mâts barque *La-Tour-d'Auvergne*. de la Compagnie maritime française. Le navire était parti de Dunkerque pour un voyage du nickel en Nouvelle-Calédonie, avec un plein chargement de briquettes de charbon pour le dépôt de Tahiti, où il fait escale et décharge 2000 tonnes. Il relève pour Nouméa avec le reste de charbon conservé comme lest pour la stabilité du navire et se perd, en novembre 1913, à Palmerston, dans l'archipel des îles Cook. On reste de longs jours sans nouvelles de l'équipage, vingt-trois hommes et la femme du capitaine. Ils ne sont sauvés qu'au début de l'année 1914, par la canonnière *Zélée*, commandée par le commandant Destremau, venant de Nouméa et faisant route pour Tahiti.

Il y eut des grossesses malheureuses, des décès mais aussi des naissances. Jeune mariée, **Madame Guerpin**, épouse du capitaine François Guerpin, embarque pour la Nouvelle-Calédonie et son voyage de noces sur le trois-mâts barque *Hautot*. Chargement fait, le navire quitte Thio pour Glasgow et ne donne plus jamais de nouvelles : disparu corps et biens.
Madame Rault, la première femme du capitaine Jean-Marie Rault, qui, embarquée à bord du trois-mâts barque *Olivier-de-Clisson*, meurt en couches avec son enfant un jour de tempête.

[18] Expression empruntée à Armand Hayet, in *Us et coutumes à bord des long-courriers*.

Elle sera veillée toute la nuit puis immergée au matin, comme un marin, selon le rituel d'usage. On met le navire en panne, pavillon en berne, on dépose le corps cousu dans un morceau de toile neuve sur une planche inclinée posée sur le bastingage, quelqu'un récite une prière et le commandant ordonne : « Envoyez ! ». Le corps lesté d'une gueuse glisse sur la planche et disparaît dans les flots, puis tout le monde salue, ou se signe, se recoiffe et se remet au travail.

En contrepartie de ces malheurs, il y eut quelques événements heureux, **la fille du capitaine Pierre Jeannin** naît à bord du trois-mâts *Suzanne* ; les parents trouvant là un prénom bien facile, elle s'appellera... Suzanne ! C'est le capitaine qui met au monde sa fille et invente une sorte de couveuse de coton pour permettre à ce bébé, bien petit, de vivre. **Le fils du capitaine Louis Martin**, né à bord de l'*Elisabeth* dans les parages tourmentés des îles Malouines, deviendra à son tour capitaine au long cours.
Outre ces naissances, les exemples de jeunes enfants embarqués avec leurs parents ne sont pas rares. **Marcelle Delanoë**, fille du capitaine Délanoë, qui embarque avec sa mère sur le trois-mâts *Le Pilier*, **Léon Boju**, fils du capitaine Joseph Boju, à bord du quatre-mâts barque *Émile-Renouf* ; il est âgé de cinq ans lors du naufrage du navire. **Pierrette Rosé**, la fille du capitaine Maurice Rosé sur le trois-mâts barque *Michelet*, est la poupée de l'équipage et fait ses premiers pas sur la dunette. **Les deux petites filles du capitaine Arnaudtizon**, vivent sur le *Général-Foy*. Puis il y a celles qui ne peuvent profiter pleinement du charme de la vie du bord ayant laissé au pays de vieux parents ou de jeunes enfants et restent trop longtemps sans nouvelles. Ainsi de **Madame Rosé** qui a laissé trois enfants à Saint-Malo, ou **Madame Henry** qui, en Nouvelle-Calédonie, apprend tardivement le décès de sa petite fille Marguerite, âgée de quelques mois. Enfin il est intéressant de citer le cas des trois belles-sœurs qui sont en mer à la même époque : **Louisette et Célina Boju**, et **Madame Sautrel**, une demoiselle Boju. Sans oublier un cas très particulier, vraisemblablement unique : sur le *Hoche* en 1915, commandé par le capitaine Joseph Durand, c'est la femme du second, **Madame Olivaux,** qui embarque avec leur fils, en qualité de passagère.

Le commandant Jean Randier dit que la littérature est pleine de belles histoires d'épouses de capitaine qui voyagèrent avec leurs maris et qui, en de graves circonstances, surent être d'une aide précieuse : *« mais n'est pas femme de marin toute femme qui en a épousé un ! »* et leur vie ne fut sans doute pas toujours facile. Le commandant Lacroix exprime son respect pour ces femmes de marins peu ordinaires : *«Aujourd'hui que le recul des années nous permet d'apprécier mieux la gravité des dangers, auxquels tant des nôtres n'ont pu échapper, on se sent pénétré d'une respectueuse admiration pour ces jeunes femmes courageuses qui osaient affronter les risques de notre profession sur les sept océans, (...). L'existence des cap-horniers était faite, parfois, de moments magnifiques, mais aussi de terribles angoisses ; "métier de marin, métier de chien" disait un vieux dicton de nos pères (...), aux compagnes de nos collègues qui accompagnaient leurs maris dans les longs voyages de circumnavigation, il fallait une réelle bravoure (...)»*. Le capitaine Léopold Rabecq apporte lui aussi son témoignage : *«Elles forçaient l'admiration de ceux qui les voyaient partir, de ceux qui, consuls ou notables, les recevaient à leur table (...), dans tous les pays où nous sommes allés»*.

«Métiers de marin, métier de chien !», sans doute, mais il semble bien qu'entre toutes les destinations, les voyages de Nouvelle-Calédonie étaient particulièrement appréciés et recherchés par cette aristocratie de la mer. Le capitaine Chavériat, commandant du trois-mâts *Dieppedalle*, considérait les escales calédoniennes comme de vraies vacances : *«Tous les jours invité à dîner par les colons, cadres de la Société du Nickel ou fonctionnaires territoriaux ; les parties de chasse au cerf dans les forêts de Kanala suivies de pêches miraculeuses de langouste dans les lagons. Les journées se terminaient avec nos amis calédoniens sur la dunette du navire»*.

Madame Stéphan appréciait aussi ces longues escales en Nouvelle-Calédonie. Alors qu'ils sont à Nouméa depuis huit ou dix jours : *«Un dimanche nous déjeunons chez Monsieur Mercier, un ami du capitaine Stéphan, dont la jeune femme originaire de Paimpol était très heureuse de voir arriver une jeune femme française, et Monsieur Mercier nous emmène dans sa calèche à la pêche dans une anse qu'on appelle l'Anse Vata (...) ; nous nous sommes bien amusés, c'était une vie agréable»*.
Rare témoin ayant laissé ses souvenirs, nous laissons à Madame Stéphan le dernier mot : *«J'ai navigué de 1905 à 1908, faisant trois voyages consécutifs en Nouvelle-Calédonie. J'ai pu juger que l'atavisme familial, père armateur, trois frères capitaines, et les relations de ma jeunesse, toutes maritimes, étaient sans doute la racine de mon attirance pour les marins et pour la mer. J'ai vécu sur ces beaux voiliers une vie peu commune, (...). J'avais le pied marin et le cœur solide puisque je n'ai jamais éprouvé le mal de mer, mais franchement, j'ai ressenti bien des fois de très fortes*

angoisses dans les grosses mers de l'océan Indien, au fameux cap Horn ; les grands vents, les vagues monstrueuses et la crainte, dans ces grands océans, de rencontrer des icebergs, obsession permanente des commandants dans ces parages durs et dangereux. Mais les belles traversées dans l'Atlantique et le Pacifique m'ont fait oublier les périls courus sous d'autres latitudes».

Les fourberies de von Luckner

Pour finir, on peut supposer que la présence de femmes à bord des navires long-courriers était un signe rassurant et, pendant la guerre de 1914, le baron Félix von Luckner qui commande le navire corsaire *Seeadler*, va en user. Le *Seeadler*, sillonne les mers pour couler les navires marchands ennemis qu'il rencontre, et une des ruses qu'il va utiliser pour tromper et approcher facilement les navires est la présence d'une femme sur le pont. Cette ruse va aussi lui permettre de se tirer d'un mauvais pas, le 25 décembre 1916, alors qu'il part en campagne et fait voile au sud, au large des côtes anglaises : le *Seeadler* maquillé en navire norvégien, est approché et arraisonné par un croiseur anglais en patrouille.

Le comte von Luckner et «Jeannette» à bord du *Seeadler.* © DR

Von Luckner raconte : «*Le croiseur nous adresse un signal, inutile d'obéir tout de suite, les gars, un vieux norvégien cela a de mauvaises lunettes, paré au déguisement (...), et maintenant Jeannette, paré à te gréer».*

Un de mes principaux atouts était la femme voilée, les officiers anglais sont galants envers les dames et quand un capitaine emmène sa femme avec lui, c'est qu'il a la conscience nette et qu'il ne transporte pas de contrebande. Les capitaines allemands ne le font guère, mais c'est la coutume en Norvège et dans d'autres pays.

Nous avions à bord un matelot de dix-huit ans qui avait un visage conforme à ce rôle ; il ne se doutait pas que c'était à ce visage qu'il devait son embarquement sur le Seeadler. *Des costumes de femme et une perruque blonde avaient été achetés en secret. Tout cela lui allait parfaitement, rien ne manquait à la silhouette, le seul défaut c'était les souliers : Schmidt avait une telle pointure... La robe avait été faite aussi longue que possible, tant pis pour la mode nou-*

velle (…). Jeannette fut rapidement gréée, délicatement fardée et confortablement installée sur la chaise longue ; une couverture jetée sur les énormes pieds et la petite chienne douillettement posée sur la couverture (…). Mais tout peu se déguiser hormis la voix, il fallait inventer quelque chose. Nous nous décidâmes pour une rage de dents (…), un tampon d'ouate dans le coin de la bouche, si gros que le pauvre la joue affreusement tendue n'eut pas à feindre pour offrir un visage torturé (…). Ce n'était pas la première fois que Jeannette s'était ainsi déguisée (…).

Cette mise en scène et d'autres dispositifs imaginés par von Luckner trompent les officiers du croiseur anglais et le *Seeadler* peut poursuivre sa route ; il coulera pas moins de quinze navires marchands dans l'Atlantique Sud et le Pacifique.

Elles avaient le droit de cracher au vent

Heureuse ou malheureuse, l'histoire de ces femmes qui ont vécu une aventure peu commune est mal connue. Leur rendre hommage n'est pas facile, mais pour avoir suivi leurs maris-capitaines à bord de ces derniers grands voiliers long-courriers, doublant avec eux le cap Horn, que les marins appelaient aussi le Cap Dur ou Cap des Tempêtes, beaucoup d'entre elles ont mérité le titre très respecté de « Cap-Hornières ». Suivant le dicton : *« Qui les trois caps a passé, au vent a le droit de cracher*[19] *»*, on leur reconnaissait le droit de cracher au vent.

[19] Les trois caps : cap Horn, cap de Bonne-Espérance et cap Saint-Antoine, au sud de l'Australie.

Un siècle plus tard, d'autres femmes plus téméraires encore ont franchi le cap Horn à la voile, dans les deux sens, seules sur des voiliers de course comme Catherine Chabaud, qui nous en fait le récit dans *Possibles rêves* ; Nicole Van de Kerchove, dans *Sept fois le tour de soleil* ou encore Isabelle Autissier ; autres temps, autres femmes !

Aquarelle du pilotin Maurice Le Scouëzec représentant Madame Boju. A la regarder, on imagine sans mal les phantasmes qui devaient peupler les rêves des matelots quand une femme embarquait ! © DR

La rudesse du travail quotidien même par temps calme, mettait le monde des marins à cent lieues de la douceur d'un univers féminin.
© DR - COLL. PRIVÉE - PHOTO AUGUSTIN NOËL.

Chaque matelot pouvait se retirer dans son étroit espace privé pour y lire ou rêver. Les seules femmes autorisées à bord étaient pour lui de papier glacé.
© DR - *LA GRANDE ÉPOPÉE DES CAP-HORNIERS*, ÉD. ANDRÉ BONNE, 1965.

A l'escale de Thio (Nouvelle-Calédonie) un moment de détente autour du gramophone sur la dunette de l'*Emile-Siegfried* en 1906, en présence de la fillette du consignataire.
© DR - AUGUSTIN NOËL. COLL. PRIVÉ

La tenue d'un grand voilier exigeait de nombreuses heures de travail pour les gabiers soumis à des contraintes éreintantes et dangereuses. Le spectacle ne devait donc pas laisser indifférentes des passagères qui manquaient sans doute de distractions pendant ces longues traversées. © DR - *LA GRANDE ÉPOPÉE DES CAP-HORNIERS*, ÉD. ANDRÉ BONNE, 1965.

Témoignages et récits

La fille bien « amarinée » du capitaine du voilier anglais *Dumsdale* au port du Puget Sound (Washington) en 1904. © DR - MUSÉE DE SAN FRANCISCO - WIL. HESTER

Mère et filles en visite à bord du navire en escale. © DR

Le capitaine Gates-James et sa femme dans le carré du clipper britannique *Lynton* à Port Blakely, 1905. © DR - MUSÉE DE SAN FRANCISCO - WILL.HESTER

L'absence d'archives spécifiques rend difficile l'écriture de l'histoire des femmes de capitaines au long cours embarquées à bord des grands voiliers à la fin de leur époque. Louis Lacroix écrivait : « *S'il m'était relativement facile de dire ce qu'était la vie des capitaines long-courriers, à bord et dans les ports (...). Décrire l'existence d'une femme à la mer était plus délicat. Dès mon plus jeune âge, en ma propre famille et autour de moi, j'avais pourtant vu de près les femmes de marins, recueilli leurs souvenirs, écouté avec attention le récit de leurs jours bons ou mauvais, mais ces impressions d'enfance me semblaient incomplètes. Aussi, j'ai pensé que les femmes ayant pratiqué notre navigation seraient mieux qualifiées que moi pour donner leur opinion sur ce sujet. Toutes celles que j'ai pu interroger disent n'avoir jamais connu l'ennui au cours des longues traversées de plusieurs mois entre le ciel et l'eau ; leurs occupations journalières, la présence de leur mari suffisaient à remplir leurs journées.*
Certaines m'ont avoué des moments d'émoi bien compréhensibles, mais aucune ne m'a dit avoir réellement connu la peur puisque le capitaine ne laissait percer aucun signe d'inquiétude. Tout était nouveau et intéressant ; le danger même dont elles ne soupçonnaient pas la gravité les séduisait par sa beauté en certains cas ».

Il est évident que ce sont leurs souvenirs et leurs témoignages qui racontent le mieux leur histoire. Hélas, elles ont peu écrit, et trop peu l'ont fait à bord, pendant le temps de leur embarquement.
Rarement elles ont tenu un journal de voyage ; le seul que nous connaissions est celui écrit par **Madame Stéphan**, commencé au départ de son premier voyage pour la Nouvelle-Calédonie, sur le *Président-Félix-Faure*, journal incomplet qui s'arrête à l'arrivée du navire à Nouméa.
On aimerait qu'elles aient toutes témoigné, comme **Madame Augé**, **Mesdemoiselles Delanoë**, **Jeannin** ou **Leclerc**, **Mesdames Rabecq**, **Rosé**

ou **Marie-Joséphine Stéphan**. La forme en est toujours un recueil de souvenirs écrit plusieurs années après l'embarquement, souvent pour raconter à leurs petits-enfants ce qu'elles ont vécu, aventures qui avec le temps ont pris une nouvelle dimension. Pour certaines, ce sont des étrangers qui témoignent de leur présence à bord ; pour **Madame Lefeuvre**, un collègue de son mari, le capitaine Macé, pour **Madame Boju**, c'est le pilotin Le Scouëzec qui nous donne quelques appréciations assez méchantes ; pour **Madame Chevalier**, le pilotin Henri Picard.

Fort heureusement, il nous reste des témoignages, glanés ici et là, certains recueillis par le commandant Louis Lacroix et d'autres que nous empruntons au Livre d'Or de l'Amicale internationale des capitaines au long cours cap-horniers. Pour d'autres, faute de témoignages écrits, nous avons reconstitué leurs embarquements en étudiant l'histoire des navires sur lesquels elles ont pris passage, et les photographies témoignent, elles aussi, de leur présence à bord, ainsi de **Madame Cavelan** sur le *Jacobsen*.

Un témoignage est un morceau de l'histoire, quinze écrivent l'Histoire, c'est pourquoi il nous a semblé intéressant de regrouper ceux qui nous sont parvenus à travers le temps, et de les offrir à la connaissance du lecteur ; ces récits couvrent les vingt-cinq plus belles années de notre histoire maritime commerciale.

La quiétude et le confort du « carré » sur un grand voilier.
Le capitaine et son épouse sur un navire non identifié. © DR

Sur la dunette du *Belem*, au pied du mât d'artimon, le capitaine Chauvelon (au centre), Marie Chauvelon (à droite) et leurs deux filles Anne et Jeanne, 1913. © DR

Entre deux embarquements, on prenait pension chez l'hôtesse. La fraternité du bord reprenait là pleinement ses droits, et on oubliait lard et fayots.
© DR - COLL. LACROIX

Célina BOJU

Madame Boju et le capitaine Boju, Madame Salaôun et le lieutenant Moreau.
© DR - PHOTO ERWAN LEFILLEUL - ROGER VERCEL, ÉCRIVAIN MARITIME, DANS *CHASSE-MARÉE*, N°142, P.34

Au mois de juillet 1897, Célina Boju, épouse du capitaine Joseph Boju, embarque au Havre à bord du quatre-mâts *Émile-Renouf* ; elle fera trois voyages sur ce navire, jusqu'à son naufrage en Nouvelle-Calédonie, le 6 février 1900, et passera trois fois le cap. Ce que nous savons de Madame Boju à bord de l'*Émile-Renouf* vient du journal [20] du pilotin [21] Maurice Le Scouëzec, âgé de 17 ans, qui donne des appréciations peu aimables, souvent outrancières sur Madame Boju ; il n'est d'ailleurs pas plus aimable pour le grand-mât [22].

Le capitaine Boju a pris le commandement du navire à son neuvage. Pour son voyage inaugural, il quitte Le Havre pour Nouméa le 12 août, fait escale à Nouméa fin novembre et charge à Thio. Il se rend ensuite en Australie, à Sydney, pour y prendre un chargement de laine en balles, fait son retour sur l'Angleterre et accoste aux docks de Londres au mois de mai ; un dur voyage de neuf mois. Le témoignage de Maurice Le Scouëzec, même s'il est désagréable, nous intéresse ; c'est le seul qui donne une note discordante, le seul témoignage malveillant que nous connaissions. Le Scouëzec note : *« Célina, qu'on n'appelait jamais autrement, appelait son maître d'hôtel « stewart »* (sic*), c'était une femme bête, hystérique, vouvoyant son mari et parlant toujours du Trentemoult qu'ils habitaient (...) ».* Un jour qu'un navire anglais avait doublé de façon peu élégante l'*Émile-Renouf* : *« Célina décréta qu'on devait remettre de la toile – n'est-ce pas, Joseph ? »* et dans le pot au noir[23] : *« Célina a fait une découverte, une sorte de brosse à cheveux avec un manche, tout cela a un mètre de long, les poils sont des suçoirs, et cela se tord en tous sens. Elle hurle : Joseph, Joseph, qu'est-ce que ça ? Oh cette bête ! Et Joseph répond : « Tu m'emmerdes ! ».*

[20] Maurice Le Scouëzec, *Le Horn*, in *Sur les grands voiliers*. Éditions Beltan, 1992. Peintre paysagiste, Le Mans 1881-Paris 1940. Il a navigué sur l'*Émile Renouf*, d'août 1897 à mai 1898. Après un voyage écourté sur le *Président-Félix-Faure*, il fera un troisième voyage toujours comme pilotin, sur l'*Ernest-Siegfried*, quittant Le Havre en mai 1900 et y débarquant en mars 1901. Après quoi il quittera définitivement la navigation.

[21] Pilotin : élève officier de la Marine marchande, faisant partie de la bordée et des quarts comme matelot, mais logeant à l'arrière, avec les officiers.

[22] Appellation respectueuse du capitaine.

[23] Pot au noir, zone équatoriale de « calmes plats » orageux redoutés des marins, dans l'océan Atlantique.

[24] Bosseman, maître d'équipage.

Maurice Le Scouëzec qui prend régulièrement son tour de barre se souvient que *« celui qui tenait la barre était toujours plus ou moins accompagné par les autres, novices ou mousses, alors Célina venait aussi et nous racontait des histoires, ses couches par exemple. Quant on racontait ça au poste, c'étaient de grands éclats de rire, mais certains dans leur coin grognaient "Tout ça, c'est pas de la navigation !" (...). C'est plus encombrant que vingt bosseman*[24]*».* Et plus loin : *« Parfois le maître d'hôtel « élongeait » les vêtements du grand-mât au soleil (...), la dunette était sillonnée de lignes où étaient amarrés une série de pavillons roses, jaunes ou bleus (...), les chemises, les culottes de Célina (...). Tout ça se gonflait sous la brise, on rigolait de tout ce grand pavois ».*

Puis, dans le grand Sud, Le Scouëzec décrit la situation à bord avant le passage du cap Horn, et la détresse et la peur de Célina : *« (...), le temps se calme un peu. Deux jours de beau temps nous permettent de manger chaud, du lard bouilli et des patates ou des fayots, le vieux donne des petits pois en boîte et du « lime juice », le matelot Mevel dit "Il n'est pas sûr de lui, le Boju, il a peur du scorbut (...)". Soudain, les grandes lames de fond*

reviennent. (...), la température est restée la même, 25° au-dessous. On couche toujours à l'arrière, entassés sur les beaux coussins en cuir ou sur le parquet en linoléum, les banquettes sont déjà à demi dessaisies et comme on ne peut ouvrir le capot qui est gelé, il y a une odeur effroyable, tous fument, chiquent, crachent. Quand Célina vient nous voir, elle tousse pendant une demi-heure, mais comme il n'y a pas de feu chez elle (...), elle vient souvent se chauffer les mains».
«Elle ne se peigne plus, elle semble plus fatiguée que jamais, ses yeux se creusent. Elle qui méprisait tellement ces hommes qui ne se lavent qu'une fois par semaine, elle est comme nous ; depuis quinze jours, elle n'a pas eu une goutte d'eau pour se débarbouiller. Nous encore, nous avons les embruns. Mais elle ne sort pas et cuit dans son jus. Elle nous regarde parfois d'un œil lamentable, circulant au milieu de nous sans crainte, avec même une attitude humble. En somme, elle a une peur d'enfant qui ne comprend rien à ce qui se passe, surtout à la suppression des grades, ni à son mari qui vient lui aussi, la figure tirée, causer avec tous ces hommes, qui ne peut pas faire faire de cuisine et qui l'oblige à se nourrir de petits beurres ou autres biscuits, car du lard, inutile d'en parler». Elle dit très simplement (...), il fait si froid, surtout que je le connais bien Joseph, il est très frileux lui aussi, mais moi, ah ! je meurs... Et elle pleure... Pauvre petite chose ! On se regarde, sans pouvoir rien dire et elle se sauve, échevelée, sanglotant, s'enfermer dans sa chambre et se fourrer tout habillée sous l'édredon (...). Elle apparaît de temps à autre, les yeux cernés, abrutie de sommeil, de mal de mer et de fatigue (...), quand les conversations se taisent, on entend ses sanglots qui secouent le silence (...)».

[25] Épontille, madriers ou poteaux métalliques utilisés entre barrots et pont pour le soutenir ou une autre partie du bateau.

[26] Mauresque : léger vêtement de nuit aux larges jambes de pantalon qui était à la mode avant le pyjama.

Le cap Horn passé, les choses s'améliorent en remontant l'Atlantique et les mauvais souvenirs du cap sont vite oubliés. À Londres, au mois de mai, Maurice Le Scouëzec débarque et Célina reste à bord.
Malgré les dures épreuves endurées pendant ce premier voyage, elle repart pour une deuxième campagne sur la Nouvelle-Calédonie dont on ne sait pas grand-chose, sinon que le second est François Codet, futur capitaine au long cours, natif de Trentemoult, un «pays» du capitaine et de son épouse.
Le troisième voyage sera fatal à l'*Émile-Renouf* ; il quitte Le Havre le 29 juillet 1899, avec trente-deux personnes à bord, y compris la femme du capitaine et leur fils Léon âgé de cinq ans. Le navire touche Nouméa le 15 novembre, se rend à Thio pour charger et reprend la mer le 2 février 1900, à destination de Glasgow.

Le naufrage de l'*Émile-Renouf*

Le 6 février, l'*Émile-Renouf* se trouve dans le sud-est de Maré, une des îles Loyauté, et, à la tombée du jour, alors que la voie semble libre, une secousse ébranle le navire qui talonne sur un haut-fond. Le temps est beau, et le navire se déséchoue seul, mais ce sera pour sombrer rapidement. Le capitaine a fait mettre la chaloupe à la mer, mais Madame Boju, paniquée, s'est accrochée à une épontille[25] qu'elle ne veut pas lâcher et refuse de quitter le navire. Ce n'est qu'en voyant passer son fils dans les bras d'un matelot qu'elle se décide à le suivre et embarque à son tour dans la chaloupe. Au moment où ils quittent le navire, l'eau commence à embarquer sur le pont, par la lisse.

Neuf naufragés prennent place dans le youyou et vingt-trois dans la chaloupe, avec, pour toute nourriture, un sac contenant une centaine de biscuits et neuf boîtes d'endaubage contenues dans le pantalon du capitaine. Ce dernier est en chemise et mauresque[26], pieds nus, sa femme n'a qu'un peignoir sur la peau et leur fils Léon est en chemise.
Heureusement quelques membres d'équipage avaient pris, dans l'urgence, quelques vêtements qui se trouvaient à portée de main, ce qui permet de les habiller. Ils seront tous sauvés le lendemain matin par le caboteur *La Perle* qui les ramènera à Nouméa. Très éprouvée par la dureté de ce naufrage, Madame Boju n'embarquera jamais plus.

L'*Émile-Renouf* fait partie d'une série de grands voiliers construits au Havre en 1897, pour le transport du nickel entre la Nouvelle-Calédonie et l'Europe. C'était un coursier aux lignes élancées conçu pour aller vite et loin. © DR - ÉMISSION D'UNE SÉRIE DE TIMBRES SUR LES GRANDS VOILIERS CALÉDONIENS, 2000

Madame LEFEUVRE

Madame Lefeuvre, fille d'un constructeur de navires, jeune mariée, embarque avec son mari-capitaine, au mois d'août 1900, sur le trois-mâts *Cannebière*. Le capitaine Ambroise Lefeuvre, de Trentemoult (petit port au sud de Nantes où habitaient également les Boju, voir pages précédentes), en a pris le commandement sur chantier au mois de mai, et va le garder jusqu'en 1905, sa jeune femme va l'accompagner pour plusieurs voyages.

Ensemble, ils font d'abord deux voyages pour la Nouvelle-Calédonie, puis, en 1904, le *Cannebière* est en Indochine, Madame Lefeuvre est toujours à bord. Au mouillage en rivière de Saïgon, le navire essuie un violent cyclone qui dévaste la ville. Le capitaine Macé, dont le trois-mâts *René*, de l'armement nantais Guillon & Cie, se trouve là, lui aussi, raconte : «*Nous étions mouillés tous deux au Nyabé, en rivière, la plupart des navires arrachèrent leurs bouées d'amarrage et vinrent s'échouer sur les vases molles des berges, risquant de chavirer quand le fleuve reprit son niveau normal. Tous réussirent pourtant à se remettre à flot par leurs propres moyens, mais il y eut des pertes de biens et des accidents (...). À l'une des enquêtes où je fus convoqué à ce propos, je me trouvais avec le capitaine Lefeuvre qui, appelé pour une autre affaire, était venu accompagné de sa femme. Les choses se passaient un peu familièrement à Saïgon, mais l'attente avait été longue, par une chaleur accablante, et le commissaire de la Marine, qui n'en finissait pas dans son interrogatoire, semblait vouloir prendre à partie le capitaine Lefeuvre. Madame Lefeuvre, peu intimidée par l'appareil déployé autour d'elle, et visiblement impatientée, interpella le commissaire, le rappela au fait en lui faisant observer que les foudres administratives étaient souvent de fer-blanc. L'assemblée tout entière ne put s'empêcher de sourire, gendarmes compris, il était tard, la séance fut levée et l'on n'entendit plus jamais parler de rien*».

Femme de caractère, on ne sait pas combien de fois Madame Lefeuvre a passé le cap Horn mais elle a navigué quatre années, peut-être cinq, aux côtés de son capitaine de mari.

Madame LUCAS

Un curieux exemple de destin lié à la superstition nous est donné par Madame Lucas. Histoire qui mérite d'être contée ici même si, semble-t-il, cette femme ne fut jamais cap-hornière.
En 1901, jeune mariée, elle accompagne son mari sur le *Hoche*, un beau trois-mâts neuf de la Compagnie maritime française, que celui-ci conduit de Nantes au Pays de Galles pour y prendre un chargement de charbon. Au mois d'août, il se trouve en relâche à Swansea et sur rade se trouve également le trois-mâts nantais *Duchesse-Anne*, du même armement, commandé par le capitaine Beauchat (ou Bochat). Les deux capitaines se connaissent bien, ils sont au début de leur carrière. Madame Lucas est très superstitieuse. Un soir, le capitaine Lucas retenu à terre, arrive tard pour dîner et sa femme s'aperçoit alors qu'ils sont treize. Elle refuse de passer à table, exigeant un quatorzième convive pour conjurer le sort, ce qui oblige le capitaine Lucas à aller chercher son collègue Beauchat à bord du *Duchesse-Anne*. Mais, lorsqu'ils reviennent, le capitaine Lucas est obligé de quitter la table pour conduire un blessé à l'hôpital et le capitaine Beauchat devient, par la force des choses, le «treizième à table» ; il n'en manifeste aucune appréhension, et se montre le plus optimiste des convives, disant sa foi en l'avenir.

Quelque temps après les navires prennent la mer et cinq mois plus tard, le 4 janvier 1902, le *Duchesse-Anne* du capitaine Beauchat touche San Francisco, puis monte sur Port-Costa pour y prendre un chargement de blé. C'est là qu'il est tué et dévalisé de son portefeuille dans des circonstances qui ne furent jamais élucidées. Très impressionnée par ce qu'elle croit un signe, mais aussi par les péripéties du dernier voyage du *Hoche*, Madame Lucas supplie son mari de quitter la navigation, ce qu'il accepte pour prendre le poste d'officier d'armement de la compagnie. Le capitaine ayant un poste à terre, elle se sent en sécurité ; le sort en décidera autrement.
Au début de l'année 1903, le capitaine Lucas qui se trouve à Leith, en Angleterre, doit poursuivre sa mission sur Anvers. Un trois-mâts de l'armement se trouve également à Leith. Le *Commandant-Marchand*, de retour

d'un voyage en Oregon, doit aller prendre un chargement de ciment à Anvers pour la Californie. Son commandant, le capitaine Arnaud, reçoit l'ordre d'engager un remorqueur pour gagner Anvers et charge un lest suffisant pour naviguer en remorque. Le capitaine Lucas, qui pense arriver aussi vite que par le paquebot et même gagner du temps, prend passage à bord. Une équipe de «runners», marins engagés pour une courte traversée, arrive de Dunkerque et, le 25 février, par temps pluvieux et forte brise du sud, le *Commandant-Marchand* quitte Leith à la remorque de l'*Océana*. Le remorqueur a assez de puissance pour traîner le navire jusque par le travers de Whitby mais, le 27, le vent augmente, la mer devient plus grosse, et la remorque casse. Le remorqueur perd de vue le trois-mâts le temps nécessaire pour rentrer sa remorque puis, redevenu libre de ses manœuvres, fait des recherches pour se mettre à nouveau à la disposition du navire qu'il ne retrouva jamais. Dans les jours qui suivirent, un navire fuyant devant le temps prétendit avoir aperçu en mer du Nord un grand trois-mâts chaviré mais ne put donner d'autres indications. Il est étrange que, dans des parages aussi fréquentés, on n'ait jamais retrouvé aucune épave du *Commandant-Marchand* qui sera officiellement considéré «perdu corps et biens», le 10 juin 1903.

Madame SAUTREL

Fille, sœur et femme de capitaines, Madame Sautrel est un exemple de ce que le milieu maritime de cette époque pouvait générer. Fille du capitaine Boju disparu sur les côtes hollandaises dans le naufrage du trois-mâts *Tamerville*, de l'armement havrais Postel, en 1895, elle est la sœur des capitaines Jacques et Joseph Boju, dont nous parlons dans ce livre. Elle n'échappe pas à ce milieu maritime puisqu'elle épouse un jeune capitaine au long cours, en mai 1901, et embarque avec lui sur le *Marguerite-Dollfus*, de la Société des voiliers français, sans pourtant aucune appréhension.

Quarante-huit heures après la cérémonie de mariage, les nouveaux mariés partent en Angleterre, le capitaine regagnant son navire en escale à Hull. Il est affrété pour la Californie. Le voyage de noces durera plus de deux ans et sera assez mouvementé. En juin, il rejoint Dunkerque sur lest pour prendre un chargement de ciment à destination de Tacoma, dans le Puget-Sound. Jusqu'à l'île des États, à l'est de la Terre-de-Feu, la traversée est normale.

Mais il atteint ces parages où, en plein hiver austral, les coups de vent ordinaires de ces régions soufflent sans interruption, avec violence, lui causant des avaries. Tout un jeu de voiles est perdu et son lourd chargement de ciment fatigue le navire. L'équipage, épuisé par de continuelles manœuvres, compte bientôt de nombreux malades. Un jour, le second, M. Nicol, de Granville, en reprenant l'empointure de la grand'voile, tombe à la mer ; la mort dans l'âme, il faut l'abandonner, le temps ne permettant pas de mettre à l'eau une embarcation.

Le capitaine décide alors de relâcher, mais, à l'ouvert de La Plata, un pampero[27] l'empêche d'atteindre Montevideo et l'oblige à rebrousser chemin pour atteindre Rio de Janeiro. Six semaines sont nécessaires pour réparer les avaries, rétablir les malades, et mettre le navire en état. De Rio, le navire va mettre cent soixante jours pour atteindre sa destination, continuellement contrarié par des vents contraires. Il décharge son ciment à Tacoma, mais ne peut prendre la cargaison de blé pour laquelle il était affrété, sa charte-partie[28] ayant été résiliée en raison de son retard anormal.

Il est alors obligé de repartir sur lest pour l'Australie, charger du charbon de Nouvelle-Galles du sud à Newcastle pour San Francisco. La malchance le poursuit, la saison du blé est terminée quand il revient en Californie, ce qui le contraint à prendre à nouveau du lest pour traverser le Pacifique et se rendre à Sydney, en Australie. Là, il charge des céréales, à ordres, pour le Royaume-Uni ; arrivé à Queenstown il poursuit sur Swansea où il livre son chargement. Partis de France en juin 1901, continuellement contrariés dans leur navigation, fatigués par ce pénible et long voyage de vingt-huit mois, le capitaine Sautrel et sa jeune épouse quittent le bord en octobre 1903.

[27] Pampero, vent d'hiver, froid et sec, soufflant sur la pampa.

[28] Charte-partie, écrit constatant l'existence d'un contrat d'affrètement.

Louisette BOJU

En 1902, Louisette Boju, épouse du capitaine Jacques Boju, embarque sur le quatre-mâts barque *Champigny*, de la Société des longs courriers français. C'est un navire tout neuf, lancé le 10 avril, qui est confié à son mari-capitaine. Après être passé une dernière fois en cale sèche, le navire prend la mer le 18 juin, à destination de Penarth, en Angleterre. Il y fait escale du 23 juin au 1er août, pour y prendre un complet chargement du charbon, et fait voile pour Honolulu, d'où il relève pour San Francisco.

On ne sait pas si Louisette Boju a embarqué au Havre ou a rejoint son mari à Penarth, une escale en Angleterre n'étant pas toujours très attirante. Le navire chargé de charbon entreprend une grande traversée, mais, arrivée à San Francisco, elle est contrainte de débarquer puisqu'enceinte, son mari ne prenant pas le risque d'un accouchement en mer, sans secours possibles, loin de tout. Courageusement, elle traverse l'Amérique en train jusqu'à New York, et prend passage sur un paquebot pour Le Havre où elle arrive à temps pour mettre au monde un petit garçon. Une sacrée aventure dont on aimerait beaucoup connaître les détails !

Le quatre-mâts *Champigny* dans les houles du grand Sud. © DR

Hortense LEDRU

Le capitaine Ledru, son épouse Hortense, leur fils et le pilotin, un parent.
© DR - COLL. JEAN-PIERRE LEDRU

Le capitaine Georges Ledru qui s'était vu confier la mission de surveiller la construction du trois-mâts *Buffon* en chantier à Saint-Nazaire, et l'avait commandé en 1902-1903, a écrit ses souvenirs de voyage. Précieux témoignages qui nous donnent beaucoup de détails sur les cinq voyages de Madame Hortense Ledru, grande voyageuse, à bord du *Buffon* et du *La Pérouse*.

Au début du mois de février 1904, le capitaine Georges Ledru est appelé à Dunkerque pour préparer le second voyage du trois-mâts *Buffon*, à destination de Philadelphie. Il a accepté de prendre le commandement sous réserve que sa femme l'accompagne. Madame Hortense Ledru est donc à bord quand il prend la mer le 28 février. Le capitaine ayant choisi la route de l'Atlantique Nord, le 13 mars, il traverse un banc de glaçons s'étendant à perte de vue, *« (...) spectacle inattendu qui intéresse beaucoup Madame*

Ledru». Le 23 mars, le remorqueur Jos Mac Cawlley lui fait remonter la Delaware pour le conduire à Philadelphie où il mouille le 24, après vingt-cinq jours de mer. À la fin de la traversée, Madame Ledru est restée trois jours durant à l'abri dans la chambre. Elle n'a ressenti que très peu le mal de mer, *«(...) en vraie femme et fille de marin, elle n'a manifesté aucune frayeur»*, mais est tout de même heureuse de reprendre contact avec la terre.

Au port, il retrouve le quatre-mâts *Quevilly*, commandé par son collègue le capitaine Cousin, et prend un chargement d'huiles de graissage et du pétrole en caisse pour Kobé. Mais le capitaine note : *«Madame Ledru se trouvant en état de grossesse, à mon grand regret, je dois me résigner à la faire rentrer en France quelques jours avant notre départ»*. Le capitaine conduit sa femme à New York où elle prend passage sur le transatlantique *Lorraine* qui la ramène au Havre. Le *Buffon* continue sa route sans elle, et mouille à Chantenay, un an plus tard, le 21 avril 1905. Le capitaine Ledru regagne aussitôt Rouen, pour y retrouver sa femme et ses deux fils, dont René, âgé de six mois, qu'il ne connaît pas encore.

Pour son deuxième voyage, sur la demande de ses armateurs, Georges Ledru consent à conserver le commandement du *Buffon* à condition de pouvoir embarquer son épouse et son fils aîné, Georges, âgé de 4 ans ½. Ils rejoignent Nantes le 17 mai et pendant le chargement du lest nécessaire à la stabilité du navire, Madame Ledru fait les derniers achats qu'elle juge nécessaires pour la traversée. Le *Buffon* quitte Nantes, à ordres, le 22 mai 1905, pour Hobart en Tasmanie. Madame Ledru et l'enfant ne sont aucunement indisposés par le mal de mer. Dans la traversée des alizés les matelots lui apportent presque chaque matin quelques poissons volants qui se sont abattus sur le pont dans la nuit. Cela leur vaut un quart de vin, mais souvent le chat du bord a fait sa ronde avant eux.

Le 17 juin, c'est le baptême de la ligne pour les jeunes n'ayant pas encore passé l'Équateur. Pour Hortense Ledru et son fils, c'est le frère de celle-ci, novice à bord qui se charge de l'opération consistant en un arrosage en règle et comme il fait passablement chaud, cela se termine dans les rires. C'est jour de fête à bord et l'équipage a double ration de vin. Le 3 juillet, par très beau temps et fraîche brise du nord-ouest, le *Buffon* fait une des plus belles journées de route, 316 milles en vingt-quatre heures. À cette occasion, l'état-major boit le champagne et l'équipage a double ration de vin. Le *Buffon* arrive dans la zone des grosses brises d'ouest et Madame Ledru et son fils ne quittent plus le salon sauf pour quelques apparitions dans la chambre de veille d'où ils peuvent voir le spectacle de la mer démontée et de temps à autre le pont balayé par les paquets de mer.

Le 3 août 1905, en baie de Storm, à l'entrée de la Derwent, un vapeur côtier prend le *Buffon* en remorque. Ce petit navire accueille plusieurs passagers à son bord qui, lorsqu'ils aperçoivent Madame Ledru et son fils, leur font une ovation. Comme le caboteur transporte des pommes et des poires, c'est une pluie de fruits qui tombe sur le pont.
Ils restent huit jours à Hobart pendant lesquels la famille visite la ville et font quelques parties de chasse ramenant à bord plusieurs douzaines de lapins. Ils pêchent la langouste qui foisonne dans la baie, et ce n'est pas sans regret que l'équipage voit arriver l'heure du départ et des menus ordinaires. Ils quittent la baie d'Hobart à la voile, le 11 août, direction Honolulu. Le temps est mauvais, Madame Ledru et son fils, cloîtrés dans le salon, ne peuvent monter sur la dunette qu'à de rares moments. Le beau temps revient avec les alizés de sud-est et le bateau mouille à Honolulu le 3 octobre.

Après la visite des services de santé, le capitaine se rend à terre, sa femme et son fils l'accompagnent, c'est un canot à voile indigène qui fait le service. Après les formalités au consulat, ils visitent Honolulu : *« (...) ville moderne avec ses immeubles de huit et dix étages, ses jardins magnifiques, à côté de la ville indigène où Hawaïens et Chinois s'entassent dans un dédale de vieilles masures »*. Le 4 octobre, ils acceptent l'offre d'une excursion dans la campagne environnante avec quelques capitaines anglais, allemands et italiens. C'est un citoyen suisse, parlant toutes les langues, qui pilote un attelage de quatre chevaux de main de maître dans les chemins de montagne qui ne sont pas partout carrossables. Ils déjeunent dans un restaurant installé dans la montagne près d'un torrent qui tombe d'une hauteur de quarante mètres : *« (...) le spectacle est merveilleux, le soir nous rentrons à bord ma femme et mon fils un peu fatigués mais enchantés de leur promenade »*.

Le 5 octobre, il fait route à ordres, sur Vancouver, la traversée s'effectue sans incident, il mouille en rade de Royal Road le 24 octobre. Le capitaine, attendant ses ordres, profite de son escale pour aller chasser le canard avec sa femme qui en tire plusieurs. Le 26, il se rend à Seattle pour prendre un chargement de blé. Des journalistes viennent à bord interviewer Madame Ledru sur ses impressions de voyages. Le lendemain, les journaux publient un article avec la photo du petit Georges présenté comme un des plus jeunes marins

faisant le tour du monde. L'agent consulaire de France et quelques résidents français de Seattle font un accueil très chaleureux à Madame Ledru et à son fils ; c'est à qui les recevra et leur fera faire la plus belle excursion.
Plusieurs navires français sont sur rade, dont le *Général-de-Sonis*, capitaine Le Pannerer, mais aussi le quatre-mâts anglais *Dunstaffnage*[29], commandé par le capitaine Mac Donald, qu'il avait déjà rencontré en escale au Japon, en 1903. Ce dernier est lui aussi accompagné de sa femme et de sa fille âgée de 17 ans : *« (...) elles sont très heureuses de faire la connaissance de Madame Ledru. Malheureusement elles ne parlent pas français et ma femme ne parle pas l'anglais. Enfin malgré cela elles arrivent à se comprendre et passent de bonnes journées ensemble. »*

Le *Dunstaffnage*, qui est arrivé à Seattle quelques jours avant le *Buffon*, quitte le port le même jour que le *Buffon*, le 22 novembre 1905 ; ils vont se suivre en mer, jusqu'au 25. Le *Buffon* charge 3 400 tonnes de blé à destination de l'Europe, et prend la mer, à ordres, pour Falmouth. Le 9 février 1906, après avoir passé le cap Horn, le *Buffon* et le *Dunstaffnage* qui se sont suivis, se retrouvent par 34° sud et 15° ouest, ils communiquent tout l'après-midi, et naviguent en vue jusqu'au 13. Puis commence une longue traversée de retour pendant laquelle le navire essuie plusieurs tempêtes et subit les calmes équatoriaux. Il touche Falmouth le 22 avril, après cent cinquante et un jours de mer. Le *Dunstaffnage* arrive à son tour sur rade le 23, il a trouvé le même temps que le *Buffon* durant toute la traversée. Le *Buffon* reçoit l'ordre de suivre sur Liverpool, appareille aussitôt avec l'assistance d'un remorqueur, met trois jours pour effectuer la traversée et s'amarre au quai de Liverpool, le 30, à 15 heures. Madame Ledru et son fils Georges, heureux de voir enfin cette longue traversée se terminer, quittent Liverpool sans attendre le capitaine, pour rejoindre Rouen. Madame Ledru est impatiente de revoir son jeune fils René après ce beau mais long voyage de onze mois. Le capitaine ne les rejoindra que huit jours plus tard, pour un court séjour à Rouen.

Le 1er juin 1906, le navire quitte Liverpool, sur lest, assisté par un remorqueur qui l'emmène jusqu'à Longship. Le capitaine est seul à bord, sa femme est restée à terre avec leurs deux enfants ; le capitaine dit ressentir péniblement l'isolement dans lequel il se trouve (...). Il fait voile pour Hobart, en Australie, le 17 août, Honolulu, Portland[30], où il a de gros soucis avec les marchands d'hommes, et notamment avec le

[29] *Dunstaffnage*, quatre-mâts en acier, de 3 317 tonneaux brut, 3 129 tonneaux de jauge nette, construit en 1892 par W.H. Potter & Sons, à Liverpool.

[30] Le capitaine Ledru se trouve à Portland en même temps que dix autres navires français. Il figure sur la photo prise à bord de l'*Europe*, invité du capitaine Fiacera *(voir page 84)*.

célèbre Sullivan [31]. Il fait son retour sur Liverpool le 6 avril 1907, comptant onze mois de mer, mais doit rester à bord le temps du déchargement, en qualité de capitaine d'armement, il demande à sa femme de le rejoindre à Liverpool. En poste depuis octobre 1902, sans aucun congé, il pense débarquer assez vite pour prendre quelque temps de repos à Rouen, Mais il est sollicité par ses armateurs pour conduire le trois-mâts *La Tour d'Auvergne* de Dublin à Rochester, le capitaine de ce navire étant malade. Avec sa femme, il gagne Dublin où il trouve le navire prêt à prendre la mer. Il quitte le port assisté par un remorqueur hollandais pour une traversée de trois jours qui les conduit à Rochester. Ce n'est que le 15 mai qu'il peut enfin débarquer pour rentrer à Rouen et voire ses fils.

[31] *O'Sullivan*, un des «crimps» les plus redoutables de Portland, ancien boxeur qui fut maire de Portland, et faisait la loi dans tous les ports de la côte. Il entretenait d'excellentes relations avec la police locale et l'agent consulaire de France, Henri Labbé qui, de ce fait, faisait la sourde oreille aux plaintes répétées des capitaines. Les marchands d'hommes incitaient les marins à déserter et proposaient aux capitaines d'autres marins pour reconstituer leurs équipages, contre monnaie « sonnante et trébuchante » bien entendu.

Troisième grand voyage d'Hortense Ledru, avec le petit René

En août 1907, les armateurs proposent au capitaine Ledru le commandement du trois-mâts *La Pérouse* qui se trouve à Hambourg, prêt à prendre la mer. Il appareille le 27 août 1907, pris en charge par un remorqueur hollandais qui le conduit à Brest où il doit compléter son équipage et accomplir différentes formalités relatives à la « Prime de navigation ». Il mouille sur rade le 31, pour une courte escale de trois jours. Ayant obtenu de ses armateurs l'autorisation d'embarquer sa femme et son jeune fils René, qui n'a pas encore quatre ans, c'est à Brest que Madame Ledru et son petit prennent passage sur le *La Pérouse*. Il appareille le 4 septembre, à 10 heures du matin, pour un voyage qui va le conduire à San Francisco et Portland.
Le capitaine note : *« Les frères et les sœurs de ma femme, qui est Brestoise, et le neveu nous accompagnent à bord, jusqu'au moment de la séparation tous ont le cœur gros, nous voyant partir pour ce qu'on appelait autrefois "La Grande aventure". Le bateau qui doit les ramener à terre nous accompagne quelque temps, jusqu'à l'entrée du Goulet où s'échangent les derniers adieux, pendant que le La Pérouse, traîné par ses deux remorqueurs s'éloigne vers le large (...). Sitôt en mer, Madame Ledru et son fils se retirent dans le salon, Madame Ledru étant légèrement indisposée par le mal de mer alors que le petit René, qui prend la mer pour la première fois, ne ressent aucun malaise et serait tout disposé à monter sur la dunette si on*

Hortense Ledru,
le capitaine Ledru et
un couple non-identifié.
© DR - COLL. JEAN-PIERRE LEDRU

le laissait faire. Le lendemain, Madame Ledru ne ressent plus rien et peut tranquillement se mettre à ranger toutes ses affaires pour la traversée (...)».
Le 3 octobre, c'est le passage de la Ligne et Madame Ledru qui passe l'équateur pour la troisième fois, n'a pas à recevoir le baptême, c'est elle qui le donne à son fils, qui semble heureux de pouvoir barboter dans l'eau à son aise. Fin octobre, les grosses brises d'ouest commencent à se faire sentir provoquant une mer assez dure et le pont est souvent balayé par des paquets de mer : *«Finies les promenades sur le pont pour René et sa maman, il faut se tenir sur la dunette et même quelquefois dans la chambre de veille ou le salon»*. Il mouille en rade d'Hobart le 26 novembre, après quatre-vingt-trois jours de mer. Il reste cinq jours sur rade. Madame Ledru en profite pour faire des excursions à terre avec son fils et pour acheter à bon compte des fourrures ; ils reprennent la mer pour San Francisco le 1er décembre, rencontrent le mauvais temps et le froid, Madame Ledru et son fils ne sortent plus du salon pendant une dizaine de jours. Le 25 janvier 1908, ils sont en vue de la terre et font route sur le Golden Gate, prennent le pilote pour San Francisco, ayant cinquante-six jours de mer. Pendant les opérations de déchargement, le capitaine, sa femme et leur fils font de nombreuses excursions jusqu'à Oackland, Alameda ou le Golden Gate, avec

des amis, capitaines ou affréteurs de la colonie française qui est très nombreuse. Il quitte San Francisco le 22 février, destination Portland pour prendre un chargement de blé pour l'Europe et, en dépit de deux désertions, reprend la mer à ordres, pour Falmouth, le 1er avril.

Le capitaine Ledru mentionne : « *Depuis notre départ de Portland, à part quelques grains de pluie aux environs de l'Équateur, il fait beau et ma femme et René sont sur le pont toute la journée, quelquefois ma femme fait un tour à la cuisine pour confectionner quelques gâteaux ou encore se met à la barre pour remplacer le timonier, car elle a appris à gouverner ce dont elle est très fière. Quant à René, si je n'y mettais le hola !, il serait constamment dans le poste des marins pour les voir confectionner leurs bateaux en bouteille ou autres travaux du même genre. Tous lui font le meilleur accueil et lui passent toutes ses fantaisies, mais l'événement le plus sensationnel c'est lorsque l'on pêche quelque gros poisson (...)* ».
Ils approchent des mers australes et des glaces flottantes, et pour Madame Ledru et son fils, les flâneries sur le pont sont terminées, à l'exception de quelques apparitions sur la dunette. Ils se réfugient dans la chambre de veille ou le salon où la cheminée allumée procure une bonne température. Il faut l'annonce d'un navire en vue ou la pêche d'un albatros pour les faire monter. Le navire mouille en rade de Falmouth le 30 juillet ; le capitaine descend à terre avec sa femme et son fils. Ils vont faire un tour en ville, pendant qu'il va chercher ses ordres au consulat et prendre son premier courrier depuis Portland ; Madame Ledru est heureuse d'avoir enfin des nouvelles de son fils Georges et de toute sa famille. Le 2 août, il reçoit l'ordre de faire route sur Anvers où il arrive le 7 août 1908. Un long voyage de onze mois se termine, la famille quitte Anvers pour Rouen.

Cinquième grand voyage de Madame Ledru

Le capitaine Georges Ledru et son épouse repartent à bord du *La Pérouse* pour un nouveau voyage. Le navire quitte Anvers le 20 septembre, pour Hobart, relève pour Portland et fait son retour sur Dunkerque, où il désarme le 14 août 1909. Un voyage relativement court, moins de onze mois, depuis son départ d'Anvers, voyage dont on ne sait pas grand-chose.
Le capitaine Ledru demande à nouveau l'autorisation d'embarquer sa femme (qui en sera à son cinquième voyage) et son fils René, autorisation qui lui est accordée. Son fils aîné, Georges, qui a dix ans, a le cœur gros de ne pas pouvoir faire partie du voyage qui va les conduire d'Anvers à

Hobart (Australie), Tacoma, Seattle, et retour sur Queenstown et Liverpool. Le *La Pérouse* appareille de Dunkerque, le 30 septembre 1909, assisté par un remorqueur belge. En Manche, ayant quitté sa remorque, il trouve une mer très dure qui l'empêche de gagner au vent. Il ne parvient à l'ouvert de la Manche que le 6 octobre et, le 7 une partie de la voilure est défoncée par la tempête. Heureusement, dans la soirée du 8, le temps s'améliore enfin. Pendant huit jours, Madame Ledru et son fils n'ont guère pu aller sur le pont, mais le soleil brille enfin.

Il fait une bonne traversée jusqu'au 8 décembre. Ce jour-là, il vente très fort, la mer est démontée, la grand-voile est carguée à minuit par les deux bordées. À 4 heures du matin, à l'appel de la bordée, on s'aperçoit que le matelot Morguat est manquant. Ses camarades l'ont aperçu pour la dernière fois sur la grand-vergue et depuis, plus rien. Il a dû tomber à la mer au moment où on finissait de serrer la grand-voile et comme il devait quitter le quart à minuit, ce n'est qu'à l'appel de 4 heures qu'on s'est aperçu de sa disparition. Trop tard, rien ne peut être tenté pour le secourir, tout le monde est consterné et le second capitaine, M. Lebeau, qui est l'oncle du jeune homme, fait peine à voir.

Le navire poursuit sa route dans le gros temps, au large des Kerguelen et, le 31 décembre, il reconnaît les côtes de Tasmanie. Le 1er janvier 1910, il mouille en rade d'Hobart après quatre-vingt-dix jours de mer, une des plus dures traversées du capitaine Ledru. L'escale d'Hobart va permettre à Madame Ledru et son fils de se remettre de leurs fatigues et de leurs émotions. Le 5 janvier, il appareille pour Tacoma, passe les îles Antipode le 14 janvier et accoste au wharf de Tacoma le 28 février. Il y retrouve deux navires français, l'*Émilie-Galline*, capitaine Garnier, et le *Général-de-Sonis*, capitaine Le Pannerer, un camarade du capitaine que Madame Ledru connaît bien, ce qui rend l'escale agréable. De là il reçoit l'ordre d'aller prendre un chargement de blé à Seattle, quitte Tacoma en remorque et arrive le jour même à Seattle. Madame Ledru est heureuse de retrouver la famille du consul de France dont elle avait fait la connaissance en 1906, quand elle voyageait sur le *Buffon*. Pendant l'escale, ils font de nombreuses visites et des excursions dans les pêcheries de saumon.

Le 27 mars, chargement de blé terminé, il quitte Seattle à destination de Queenstown, à ordres. Le remorqueur le sort du détroit de Juan de Fuca et il fait route à la voile par jolie brise et perd ainsi de vue rapidement la côte américaine. Le 4 mai, ils sont en vue de l'île de Pitcairn et, dans la matinée, des pirogues viennent le long du bord avec des chargements d'oranges et de bananes qui sont échangées contre des biscuits, de la farine et quelques boîtes de conserve. Le passage de Pitcairn est toujours un moment heureux pour l'équipage, et, pour Madame Ledru et son fils, c'est une véritable joie. Mais le temps change rapidement, le mauvais temps arrive dans les parages du cap Horn ; sa route croise celles de plusieurs icebergs de plus de quarante mètres de hauteur. La traversée de l'Atlantique Sud se passe sans incident à signaler. Dans l'Atlantique Nord, des calmes les retiennent trois ou quatre jours. Il mouille enfin à Queenstown le 23 juillet 1910, après cent seize jours de mer. Le 25 juillet, le capitaine reçoit l'ordre de livrer à Liverpool, traite avec un remorqueur anglais pour la traversée et, le 29, le *La Pérouse* est amarré dans les bassins de Birkenhead, à Liverpool. C'est la fin d'un voyage assez rapide qui a pourtant duré dix mois.

Le capitaine devant rester à bord comme capitaine d'armement pour les opérations de déchargement, Madame Ledru décide de regagner Rouen avec son fils René, laissant son mari sur place. Après ces navigations incessantes, l'état de santé du capitaine Ledru nécessite un long repos. Il débarque pour plusieurs mois et profite enfin de sa maison de Rouen et de ses enfants. Dernier et court voyage de Madame Ledru sur un grand voilier.
Ce n'est qu'en mars 1911 que le capitaine Georges Ledru reprend un commandement sur le trois-mâts carré *Hoche*, toujours pour la Compagnie maritime française, mais cette fois sans son épouse. Il prend son commandement à Emdem, et comme le navire doit passer à Brest pour accomplir les formalités relatives à la « Prime de navigation », embarquer ses approvisionnements et compléter son équipage, Madame Ledru et son fils Roger l'accompagnent pour ce court voyage de Emdem à Brest, le capitaine note : *« (...), nous arrivons à Brest le 19 décembre, et Madame Ledru a le plaisir d'y retrouver toute sa famille, ce qui atténue un peu la peine de la séparation prochaine »*.

En cinq voyages et près de cinquante mois de navigation, Hortense Ledru a franchi cinq fois le cap Horn. Grande voyageuse, elle a embarqué en Belgique, en Allemagne ou en Angleterre ; le nombre et les noms des pays lointains où elle a fait escale font rêver : Australie, Japon, îles d'Océanie, Honolulu, Pitcairn, Amérique du Nord, côte est et côte ouest, etc.

Madame MACÉ

Madame Macé, épouse du capitaine Joseph-Marie Macé, embarque en qualité de passagère sur le trois-mâts barque *René*, appartenant à l'armateur nantais Léon Guillon, pour deux longs voyages autour du monde.

Pour son premier périple, le navire quitte Nantes en décembre 1902, et fait son retour en Europe le 26 mars 1904, le lieutenant Louis Malbert est à bord. Au second voyage, cet ami du capitaine est passé second. Le navire est armé pour Saïgon et l'Australie. À l'automne 1904, il se trouve en rivière de Saïgon, en même temps que le trois-mâts *Cannebière*, commandé par le capitaine Lefeuvre qui, lui aussi avait sa femme à bord (voir *supra*). Ils essuient un violent cyclone qui dévaste Saïgon. Le capitaine Macé raconte : *« Nous étions mouillés tous deux au Nyabé, la plupart des navires arrachèrent leurs bouées d'amarrage et vinrent s'échouer sur les vases molles des berges, risquant de chavirer quand le fleuve reprit son niveau normal. Tous réussirent pourtant à se remettre à flot par leurs propres moyens, mais il y eut des pertes de biens et des accidents (...) »*. De Saïgon, le trois-mâts *René* relève pour l'Australie et, en 1905, fait son retour avec un chargement de blé, retour au cours duquel, comme on va le voir, il aurait pu avoir de gros problèmes de navigation.

Récit de Lucien Aillet[32] embarqué à San Francisco, le 7 décembre 1904, comme lieutenant sur le trois-mâts barque *Brenn*, de la Compagnie celtique maritime : *« (...) mouillé en rade de Port Broughton (Australie), venant de San Francisco, le 15 mars 1905, à huit milles de terre, avec juste assez d'eau sous la quille pour pouvoir repartir après chargement (...). Appareillé le 18 avril 1905, chargement terminé (...), mouillé en rade de Falmouth, à ordres le 21 août, après une traversée (...) réussie dans des conditions parfaites. Cependant, elle fut marquée par deux incidents qui auraient pu avoir des conséquences sérieuses et*

[32] Lucien Aillet est né au Havre le 7 mai 1883. Il s'est éteint à Plougasnou (Finistère) dans sa 93e année. Aîné d'une famille de six enfants, il est originaire de Saint-Briac où l'on devenait marin par atavisme. Après une enfance vécue au Havre, à Saint-Nazaire et à St-Briac, il prit la mer à l'âge de 14 ans comme mousse de chambre à bord du quatre-mâts barque *Nord* de la Maison Bordes, le 18 juin 1898.

même dramatiques (...). Dans le Sud de la Tasmanie, le capitaine avait laissé s'arrêter les chronomètres par inadvertance. Il n'a été possible de contrôler la position que quatre vingt-cinq jours plus tard, dans la zone de calme par 10° nord, où se trouvaient un grand nombre de navires. La position du Brenn *était entachée d'une erreur en longitude d'environ 3°. Un des navires en vue, le trois-mâts* René*, capitaine Macé, second Malbert (...), ayant lui aussi ses chronomètres arrêtés, demande le point au* Brenn*, qui lui donne bien volontiers, mais sans lui dire que quarante-huit heures plus tôt, il était dans le même cas (...). Autre incident, en Australie, le capitaine de* Brenn *décide d'acheter de la farine pour faire du pain pour l'équipage pendant la traversée du retour, car il était plus facile de se procurer de la farine à Port Broughton que du biscuit de mer. Il demande au jeune cambusier la quantité nécessaire, mais la trouve exagérée. Il n'en achète qu'une partie et, en ce qui concerne l'eau, elle sera distillée à bord. Une fois en mer, il s'aperçut très vite qu'il n'avait pas pris suffisamment de farine pour le voyage et qu'il n'avait pas assez de charbon non plus pour distiller l'eau, en ayant vendu une trop grande quantité à San Francisco. Le 3 août, encalminé dans le pot au noir, le second Louis Malbert se rend à bord du* Brenn*, en manque de vent mais aussi à court de vivres. Ils échangent, entre autres, du biscuit de mer (...) contre quelques douceurs destinées à Madame Macé».*

Madame Macé débarque à Cardiff, au mois de septembre, et le capitaine Macé quitte le navire pour prendre le commandement du trois-mâts *Joinville*.

A bord
du trois-mâts *Brenn*.
© DR - ED. DE L'ALBATROS

Marie-Joséphine STÉPHAN

Madame Stéphan et le capitaine Pierre Stéphan dans la mâture du *Président-Félix-Faure* en 1905. © DR - PHOTO JUGE

Madame Stéphan, l'épouse du capitaine Pierre Stéphan, fille d'armateur, femme de marin, a écrit les souvenirs de sa première traversée pour ses petits-enfants, dans les années 1970. Elle avait commencé un journal au départ de son voyage pour la Nouvelle-Calédonie à bord du *Président-Félix-Faure*, en 1905, journal qui, hélas, s'arrête à l'arrivée du navire à Nouméa. Ces textes sont très longs, parfois anecdotiques, les transcrire intégralement ne semblait pas présenter un réel intérêt, nous y avons puisé ce que nous pensons pouvoir témoigner le mieux de ses souvenirs.

Jeune mariée, voyage de noces oblige, elle accompagne son capitaine sur le beau quatre-mâts *Président-Félix-Faure* de la Compagnie havraise de navigation, pour un voyage en Nouvelle-Calédonie, du 30 novembre 1905 au 14 septembre 1906. Elle repartira pour deux voyages, toujours pour la Nouvelle-Calédonie, sur l'*Ernest-Siegfried*. Voyages heureux pour Madame Stéphan : « *(...) ses ancêtres lui ayant légué un estomac qui tenait le coup, elle ne fut jamais malade en mer* », et passa trois fois le cap Horn. Elle écrit : « *Mariés à Brest, le 15 novembre 1905, nous partons pour Le Havre le 16. Présentation à Monsieur Corblet, l'armateur, qui nous fit un charmant accueil, plein de gentillesse à mon égard ; il me mit très vite à l'aise en me disant qu'Il était très heureux de m'autoriser à accompagner mon mari dans ce grand voyage autour du monde (...), que certainement tout se passerait très bien et, très paternel, me dit qu'il y avait dans sa famille sa fille Germaine (future Madame Coty, présidente de la République), qui m'enviait de pouvoir faire ce beau voyage. Pour cette présentation, mon cher époux me fit mettre «tout dessus», comme disent les marins, et je choisis dans mon trousseau tout neuf, un très beau tailleur vert bronze, jupe très longue jusqu'à terre, chapeau très fleuri, belles bottines très élégantes. C'était la Belle époque ! Cette belle garde-robe sera hélas mise en attente pendant plusieurs mois, il me fallait retrouver des jupes plus courtes qui m'embarrasseraient un peu moins sur le navire. J'avais heureusement pensé à ces inconvénients de telle sorte que la petite jupe courte que j'avais prévue correspondait mieux à ma nouvelle vie à bord, et donna à mes longues robes un destin assez long : attendre les arrivées dans les ports (...). Pour moi je restais à la robe courte avec quelques corsages nouveaux, je n'aurais jamais pensé au pantalon.*

Premier voyage avec mon mari, sur le Président-Félix-Faure, *qui fut notre voyage de noces, peu commun certes ! Après quatorze jours de préparatifs au Havre, mon époux reprend le commandement du* Président-Félix-Faure *pour son deuxième voyage en Nouvelle-Calédonie. La veille je fus à bord avec Madame Lefèvre, femme du voilier de la Compagnie au Havre, très aimablement elle se mit à ma disposition pour l'aménagement de ma cabine, du contenu des malles et des valises, car il fallait ranger très sérieusement dans les tiroirs, les placards, les moindres petites choses dans le salle de bains, si nous ne voulions pas entendre les choses et les voir rouler au premier coup de roulis du navire, «tout bien arrimer» comme dit le marin. Ce fut une journée harassante, les vivres à* arrimer *par les marins, tout est à prévoir dans les cuisines, les barils de vivres, les provisions de toutes sortes. Gentillesse de l'armateur qui a fait embarquer des vivres supplémentaires plus délicats pour elle, des conserves fines, des puddings, des plats préparés, mais aussi du champagne et*

© DR - PHOTO TIRÉE DE *AU TEMPS DES GRANDS VOILIERS* DE YVES LE SCAL

une barrique de vin blanc. Le 30 novembre 1905, le grand départ pour le tour du monde est arrivé pour moi. J'embarque donc sur ce beau voilier, le cœur un peu gros, peut-être, de quitter la terre ferme mais avec une confiance absolue dans le maître du bord. Comme bien souvent dans tous les départs de ces longs courriers, l'adaptation de l'équipage, quelquefois nouveau, aux manœuvres est très mouvementée, d'autant plus qu'il a bien fêté le départ. Il est assez pénible, voire difficile, pour les officiers et le commandant d'avoir bien en main ces hommes et, si par malchance les vents sont contraires comme ce fut le cas à notre sortie en mer, pendant quatre jours les virements de bord permanents ne se firent pas sans mal.

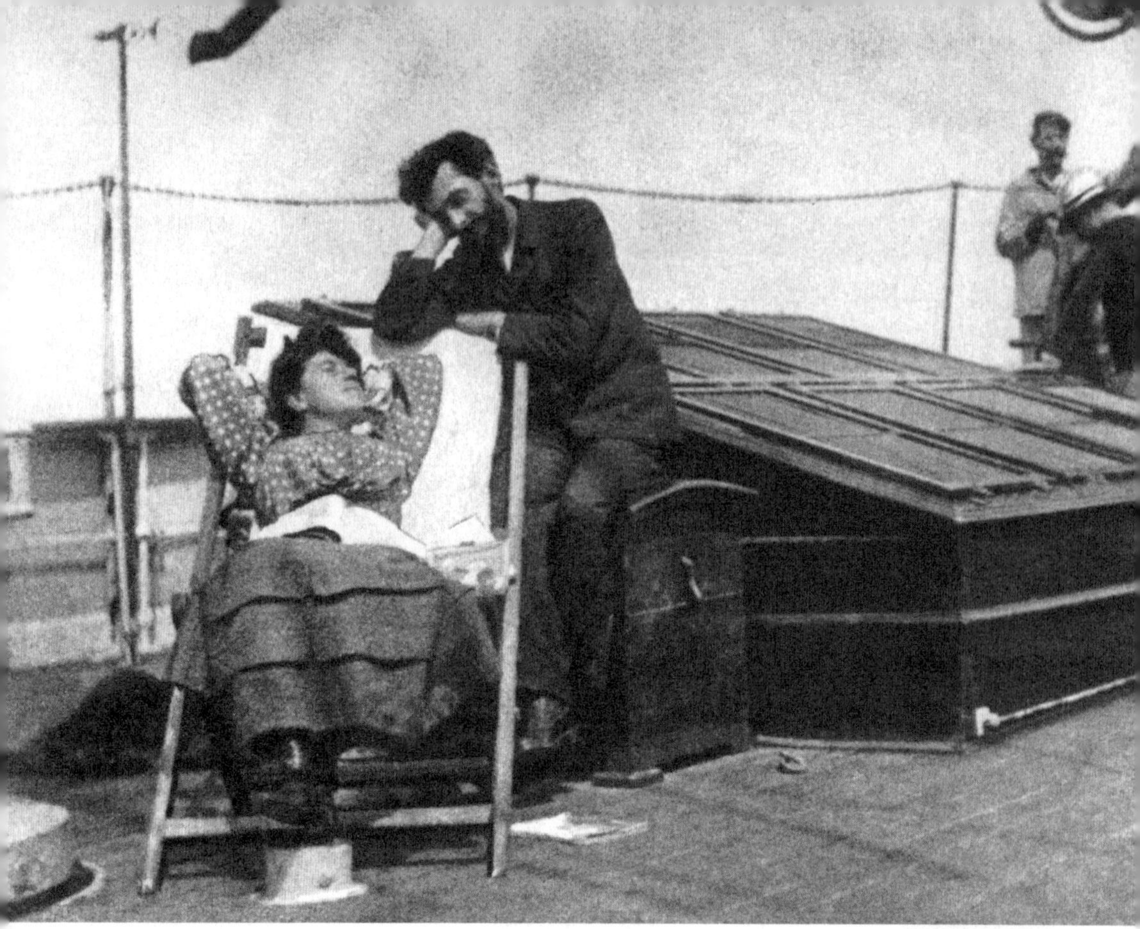

Madame Stéphan et le capitaine Pierre Stéphan sur la dunette du *Président-Félix-Faure*, en 1905.

Le désir du commandant étant de prendre au plus vite le « grand largue » pour se retrouver avec son équipage calmé et bien détendu, chacun à son poste reprenant conscience de ses devoirs et responsabilités. Un navire est comme une maison, rien ne doit rester à la traîne, il faut un dégagement permanent du pont, du rouf, pour obtenir des manœuvres parfaites.

Ma vie à bord se passait très simplement ; réservée, et le plus discrètement possible vis-à-vis des officiers au contact permanent du commandant, dans la vie journalière de leur métier, pour ne pas gêner en quoi que ce soit. C'est ainsi qu'au premier quart du matin, ils avaient toute liberté dans l'office, les coursives, le salon, pour y déjeuner à l'aise, sans soucis de toilette ; après des nuits pénibles, ils n'auraient pas aimé me rencontrer, il faut dire qu'une femme à bord est assez gênante parfois. C'est pourquoi, nous attendions 8 h ou 9 h pour nous faire servir au salon notre petit-déjeuner par le maître d'hôtel, le mousse ou le novice parfois. Petit-déjeuner et grand déjeuner étaient servis aux officiers en toute liberté d'ex-

pression et sans gêne pour eux, en dehors de notre présence. Vers 11 h du matin, laissant le soin du nettoyage au maître d'hôtel, souvent un jeune matelot de dix-huit à vingt ans, je quittais mon appartement pour retrouver sur la dunette, dans la chambre de veille, mon cher époux très absorbé sur les cartes. Ma première pensée, voir le point, je suivais avec passion les distances parcourues, celles encore à accomplir, les vents et les pronostics pour la journée. L'établissement des voiles : les descendre ou les remonter, faire de la route (…), choses journellement absorbantes pour le «grand-mât», les officiers et aussi les hommes soumis continuellement aux manœuvres suivant l'époque des passages dans les divers océans.
Après ce passage sur les cartes, dans la chambre de veille, tous les matins, je retrouvais l'officier de quart, toujours empressé de me saluer en m'avançant la chaise longue sur le pont, très obligeamment du côté pour moi le plus agréable, donc sous le vent. Le brave matelot à la barre me saluait aussi d'un large sourire ; pendant tous mes voyages, je n'ai vu que ces braves marins très aimables, accomplir leur dur métier avec discipline et respect pour leur commandant (...). Au dîner du soir, les officiers étaient nos hôtes, cela était généralement très sympathique surtout lorsque le temps le permettait, la table de roulis était très rarement mise, seul l'officier de service manquait à notre réunion, souvent interrompue par les sautes de vents. Privés des nouvelles extérieures du monde, perdus en plein océan, nos conversations, après le tour familial de chacun, s'en revenaient toujours à parler du cuistot.

Le début du voyage se passe sans événements particuliers. Cependant, le 1er janvier 1906, dans son journal, Madame Stéphan note que le pilotin Juge profite du beau temps pour prendre quelques photos : "*le capitaine et sa femme dans le mât de hune*", "*Madame Stéphan à la barre*" ou sur le pont, puis en groupe ; en tout six photographies. Le dimanche 25 février, le pilotin Juge profite à nouveau du très beau temps pour prendre d'autres photos, dont une "*Madame Stéphan dans sa chaise longue*", le capitaine à ses côtés. Quatre jours plus tard, le 29 février, le navire arrive en rade de Nouméa. Lorsqu'il mouille au large, une foule d'embarcations arrive, avec chacune un domestique japonais ou javanais portant un plateau rempli de fleurs sur lequel une carte de visite avec les compliments du monde maritime de Nouméa accueille la femme du capitaine qui se trouve à bord. Le *Président-Félix-Faure* entre à Nouméa le 1er mars 1906, pour y décharger ses marchandises ; le couple est reçu un peu partout, chez les importateurs ou les négociants pour lesquels ils ont des marchandises. Alors qu'ils sont encore à Nouméa, un cyclone les surprend au mouillage, le navire « étale » sans trop de dommage et, le calme revenu, on amène la coupée et arme la chaloupe : *« Nous sommes allés à terre, il fallait voir la fameuse plage des Cocotiers de Nouméa, ce n'était que branches cassées, tôles ondulées arrachées, enfin toutes les rues étaient pitoyables à voir. Le toit du hangar de la Douane était parti d'un seul bloc, posé carrément sur le sol, a peu prés à une centaine de mètres. Les bateaux qui étaient à quai ont souffert parce qu'ils ont été couchés à 30 ou 40° par le vent et la marée, bien qu'il n'y ait pour ainsi dire pas de marée là-bas, peut-être un mètre, mais tout de même la mer avait gonflé, ils étaient couchés sur le quai (…) ».*

Le *Président-Félix-Faure* rentrant au Havre. © DR

Madame ROSÉ

Le passage de la ligne de l'Équateur sur le *Michelet*, Madame Rosé regardant le capitaine et leur fille Pierrette.

© DR - PHOTO ERWAN LEFILLEUL - *ROGER VERCEL, ÉCRIVAIN MARITIME*, DANS *CHASSE-MARÉE*, N°142, P.34

L'épouse du capitaine Maurice Rosé, **Madame Rosé,** embarque avec leur fille à Liverpool sur le trois-mâts barque *Michelet* de la Compagnie maritime française en 1905. Elle navigue quarante-huit mois, faisant quatre longs voyages à travers le monde. Le *Michelet* part pour Philadelphie où il charge du pétrole pour Hobart-Town, en Tasmanie. Il y laisse une faible partie de son chargement puis fait voile sur Kobé, au Japon, où il débarque le reste. Il reprend la mer pour Honolulu puis Portland, dans l'Oregon, où il charge du blé pour Falmouth ; long premier voyage d'un an et demi. Réarmant en Angleterre, le *Michelet* continue ses longues randonnées dans le Pacifique Sud où les frets sont plus intéressants que ceux d'Extrême-Orient. Madame Rosé retourne en Californie, au Puget-Sound, puis en Nouvelle-Calédonie, elle revoit Portland, puis découvre San Francisco, Astoria, Seattle, Tacoma et Nouméa.

Retirée à Saint-Brieuc, elle a écrit quelques souvenirs : tout l'intéressait, aussi bien la vie du bord que la visite des villes d'escales si étranges pour une jeune femme, Kobé surtout qui lui a laissé des souvenirs ineffaçables : *« Le Japon m'a particulièrement intéressée avec ses magasins remplis de choses si curieuses et si tentantes. J'étais en admiration devant les meubles d'ébène, aux formes exquises, incrustés d'ivoire et de nacre, les bijoux finement ciselés et tant d'objets merveilleux. Les salutations un peu maniérées des dames japonaises m'amusaient follement, de même que leurs coquetteries et leurs fards parfumés, leurs coiffures si seyantes et leurs kimonos brodés. À Honolulu ce fut un autre genre d'émerveillement, la végétation tropicale y faisait disparaître les cottages sous les fleurs des jasmins, des flamboyants et des orangers qui embaumaient l'air de leurs senteurs».*

À la mer, elle avait appris à reconnaître la plupart des astres utilisés par les marins pour situer leurs positions en mer : *«Altaïr, Sirus, Bételgueuse, la Croix du Sud, etc»*. Elle se souvient de la vie à la mer : *«(...) les splendides traversées du Grand océan avec sa poussière d'îles et ses nuits étoilées (...)»*. Mais elle a gardé un mauvais souvenir du cap Horn et des mers australes dont la rude navigation lui permit tout de même d'admirer l'endurance et le courage des équipages de voiliers. Heureusement, aucun mauvais temps ne la décourageait ; son seul regret est de n'avoir pas noté davantage de souvenirs au cours de ses longues campagnes : *«(...) j'étais en plein bonheur avec mon mari, heureuse, ne pensant qu'au présent»*. Toutefois, une ombre assombrissait ses pensées quand elle songeait aux trois enfants qu'elle avait laissés à Saint-Malo, pays natal de son mari. Seule sa dernière fille, Pierrette, naviguait avec elle : *«C'est en vue de Nouméa qu'elle s'est décidée à faire ses premiers pas sur la dunette, faisant l'admiration de tout l'équipage»*.

En 1909, après plus de quatre ans à bord du *Michelet*, Madame Rosé est obligée de rester à terre quittant son mari qui naviguera sans elle. Puis la Première Guerre mondiale éclate. Elle conclut son récit en disant : *«(...) cette vie à la mer est spéciale, on ne peut s'imaginer ce qu'elle est si on ne l'a pas vécue, et j'aurais aimé continuer à la vivre encore avec mon mari, si la guerre ne me l'avait pas enlevé, mort à son poste sur son navire»*. Pendant le conflit, le capitaine Maurice Rosé commandait toujours le trois-mâts *Michelet*. Il était brave et patriote ; son navire était armé de deux canons de 90 mm et il n'avait pas hésité à confier à sa femme qu'il se défendrait jusqu'à la limite de ses forces. Au milieu de l'année 1918 il ne donna plus de nouvelles. Madame Rosé alerta la Croix-Rouge et l'ambassade d'Espagne pour essayer d'avoir quelques précisions sur le sort de son mari, sans rien obtenir. Longtemps après, on apprit qu'il avait été attaqué et coulé avec tout son équipage, par un sous-marin allemand, le 8 juin 1918. Il faut rappeler que l'Allemagne considérait alors les navires de commerce armés comme des navires de guerre auxiliaires qui pouvaient être attaqués sans sommation.

Madame AUGÉ

PHOTOS DE MME AUGÉ DANS *HOMMES ET NAVIRES DU CAP-HORN* DE JEAN RANDIER ET *LES DERNIERS CAP-HORNIERS FRANÇAIS* DE LOUIS LACROIX.

Madame Augé, épouse du capitaine Lucien Augé, embarque au Havre, en 1906, sur le trois-mâts *Dieppedalle*, de la Compagnie rouennaise de transports maritimes. Le navire prend la mer le 6 novembre 1906, pour un voyage en Nouvelle-Calédonie, fait une courte escale à Thio, où il charge rapidement sous le nouveau transbordeur inauguré le 30 octobre 1906, et fait son retour sur Le Havre le 5 juillet 1907. Un beau et court voyage de neuf mois. Dans une lettre au capitaine Lacroix, Madame Augé relate son voyage : *« Bien que trente-cinq années se soient écoulées depuis mon voyage de Calédonie, les impressions qu'il m'a laissées sont demeurées très nettes ; ma pensée s'étant reportée souvent vers cette période si heureuse de mon existence a empêché le temps d'en assombrir les images. Ce voyage a été la grande aventure de ma vie ; à moi qui n'avais jamais quitté ma province, ni l'ombre de ma mère, et à qui une promenade à âne, la balançoire ou les chevaux de bois donnaient le mal de mer ! Partir de Romorantin afin de m'embarquer sans escale pour Thio, par le cap de Bonne-Espérance et revenir par le cap*

Horn ! Mais voilà, je suivais mon mari et ce fut le miracle, je ne connus ni le mal de mer, ni l'ennui, ni la peur. Nous embarquâmes au Havre, et, comme il pleuvait au départ, une fois en mer, j'ouvris mon parapluie mais mon mari me l'enleva aussitôt (ouvrir un parapluie sur un navire porte malheur), puis, m'enveloppant dans un ciré et un suroît où je disparus tout entière, il me dit qu'il fallait devenir un vrai marin.

À ce moment-là, je me jurais qu'il n'aurait pas à se repentir de m'avoir emmenée et je tins parole. J'emportais mon chat, une caisse de livres, mon paroissien (missel), un piano, un jeu de dames et ma tapisserie. Nous emmenions des poules et une chèvre qui, nostalgique, se laissa mourir de faim. Les poules, peu enclines à la neurasthénie, continuèrent de pondre d'excellents œufs – de préférence sous les treuils – que le mousse se faisait une joie de glisser sous ma serviette à l'heure du déjeuner et lorsqu'il n'y avait pas de roulis. Après quelques jours d'équilibre incertain, j'eus le pied marin et je vécus sur le pont. Le moindre incident était un événement :

Madame Augé à bord du *Dieppedalle*, en route pour la Nouvelle-Calédonie. Page précédente, elle travaille la tapisserie dans le carré, 1906-1907.

la capture d'un requin – dont le cuisinier nous faisait d'excellents salmis – les vols de poissons volants, les évents d'une baleine, la rencontre d'un navire avec lequel on signalait et qui devait donner de nos nouvelles.

Tout m'intéressait, les belles journées où tout était si calme, si bleu, si pur, et quelles soirées splendides avec la mer phosphorescente. Parfois c'était la brume et l'avertissement lugubre de la corne dans la nuit ; puis venaient les températures glaciales où je mettais sur moi tant de lainages que je ne pouvais passer à peine par la chambre de veille (sic). Vinrent aussi les jours de tempête où le bateau, projeté comme un jouet sur la crête des lames était ensuite précipité dans un abîme liquide pour remonter avec un nouvel élan sur un sommet mouvant. À l'intérieur, tout dansait, orchestré par tout ce qui était vaisselle ou métal. Et quelle partie de jeu pour le chat qui courait après les objets non arrimés. Il se disait sûrement "ce qu'on peut s'amuser à bord". Au cap de Bonne-Espérance, il me fut impossible de me vêtir, projetée que j'étais sans répit de bâbord à tribord et je dus rester une demi-semaine au lit. Les jours de roulis, on mangeait d'étranges choses. Il me souvient de magnifiques pruneaux accommodés à l'eau de mer qui avait embarqué dans la casserole du coq. Je me souviens aussi de l'excellent lieutenant qui, pendant huit mois joua tous les dimanches et sur cinq notes le même air de flûte. Quels braves gens que ces marins si vaillants et si dévoués.

Nous fûmes en Calédonie au bout de quatre-vingt-treize jours. Le soir de notre arrivée en baie de la Mission, les Canaques dansèrent le Pilou-Pilou face au navire en notre honneur (...). Le dimanche à la messe il y avait assaut de toilette. Les hommes portaient une chemise qui flottait au vent et les dames se drapaient dans des peignoirs roses. Partout nous recevions le meilleur accueil. Je me souviens du trajet dans la benne du transbordeur, de l'admirable végétation tropicale, du voyage à Thio par la rivière. Tout passa trop vite et, au bout de quinze jours, il fallut appareiller pour la France. Cette fois nous rencontrâmes des glaces, véritables cathédrales flottantes étincelant au soleil, mais on préférait les voir d'un peu loin. Cent jours après, nous étions en France. Un forçat qui avait demandé son rapatriement figurait parmi l'équipage. Son visage aux traits fins était tout balafré ; son service était parfait, mais son mutisme était absolu et nul ne sut jamais quel avait été son passé. En feuilletant les vieux journaux de mode, nous jurions que nous ne pourrions plus jamais porter chaussures, cols, ni chapeaux. Retenue à l'arrivée par de nouveaux devoirs, je ne pus que garder intact le souvenir de la merveilleuse aventure».

Madame Augé n'a fait qu'un voyage à bord du navire de son mari, mais pour notre bonheur, elle a laissé ce précieux témoignage.

Madame GUERPIN

Triste histoire que celle de Madame Guerpin, embarquée pour son voyage de noces à bord du trois-mâts barque *Hautot*, en 1906. Son mari, le capitaine Guerpin, homme très cultivé, de société agréable, au caractère toujours heureux, souffrait de rhumatismes graves. Inquiète pour sa santé, elle insista auprès de l'armateur pour l'accompagner. Malgré quelques hésitations, l'armateur finit par accepter.

Le navire quitte Le Havre le 8 février 1906 et, après une belle traversée, arrive sans encombre à Thio le 20 mai. Le 24, arrive sur rade un autre navire français, le *Bonneveine* venant de Glasgow, puis, le 31, le *Dieppedalle* du même armement que l'*Hautot*, venant de La Pallice et commandé par le capitaine Lucien Augé. Le 28 juin, toujours sur rade avec le *Dieppedalle*, les chargements des uns et des autres étant bien avancés, un déjeuner amical est offert à bord du *Dieppedalle* par le capitaine Augé, réunissant les deux capitaines et Madame Guerpin. À la fin du repas, les deux amis se donnent rendez-vous à la mer, soit au cap Horn, soit au pot au noir.

Une fois la dernière benne de minerai hissée à bord de l'*Hautot*, les préparatifs de départ ne traînent pas. La nuit qui précède l'appareillage, sur le mât de misaine du voilier en partance, en guise d'adieu, on hisse et amène trois fois, lentement, une immense croix faite de panneaux colorés, munis de quatre fanaux à pétrole reproduisant la constellation de la Croix du Sud[33]. Tandis qu'on hisse cette image lumineuse, l'équipage pousse trois vigoureux *Hourrah !* et les cloches de la dunette et du gaillard d'avant tintent à toute volée. L'équipage chante alors un chant d'adieu repris par tous les équipages des navires présents sur rade, quelle que soit leur nationalité, puis, rassemblés sur le gaillard de leurs navires, à leur tour, les autres marins entonnent un chant de leur pays et crient *Hip Hip Hip Hourrra !*

Cette «Croix du Sud», traditionnelle cérémonie d'adieu d'un navire prêt pour son retour en Europe, est appréciée

[33] La Croix du Sud, dont le nom s'oppose à la Croix du Nord, est la plus petite constellation de l'hémisphère sud. En l'absence là d'une étoile polaire, elle est utile pour trouver le Sud céleste. Les cinq étoiles les plus brillantes de la Croix du Sud figurent sur les drapeaux de l'Australie, du Brésil, de Papouasie, de Nouvelle-Guinée et des Samoa.

différemment selon les uns ou les autres. Pour les uns, c'est une cérémonie émouvante teintée de superstition à laquelle ils se plient avec respect et à laquelle ils ne renonceraient pour rien au monde. D'autres y voient une belle cacophonie assourdissante, sans aucun caractère émotionnel, ni rite conjuratoire. Cette pittoresque cérémonie était également une pratique courante pour les voiliers du nitrate, sur les côtes du Chili. L'*Hautot* quitte Thio pour Glasgow, le 4 juillet, sous une pluie torrentielle ; le *Dieppedalle* le suit, le lendemain, 5 juillet, pour la même destination. Depuis cette date, l'*Hautot* ne donna plus jamais de nouvelles.

Malgré sa sécheresse, la chronologie du constat de la perte du navire vaut qu'on la restitue. Dans la presse havraise, du 8 septembre au 15 décembre 1906, la liste des navires attendus de Nouvelle-Calédonie fait état, semaine après semaine, du trois-mâts *Hautot* qui, à partir de fin octobre, accuse un retard qui va s'amplifier jour après jour. Le 14 décembre, à Londres, on procède à la réassurance du navire, à 75% : *«(...) parti de Thio pour La Clyde, depuis le 4 juillet»*. Du 12 janvier au 2 février 1907, on retrouve dans la presse le trois-mâts *Hautot*, toujours attendu venant de Nouvelle-Calédonie. Imagine-t-on l'angoisse des familles et de l'armateur qui, privés de toute information, doivent un jour admettre qu'il n'y a plus d'espoir ?
On sait que l'hiver austral dure de juin à septembre, il est vraisemblable qu'il ait sombré à la suite d'une collision avec un iceberg, sans doute pris par des glaces en dérive. En effet, celles-ci avaient été vues cette année-là, très nombreuses, dans les parages du cap Horn et des îles Falkland. Le 22 janvier 1907, le *Journal du Havre* titre dans ses colonnes : *«Deux navires signalés perdus. Dans le monde maritime, on se montre très inquiet sur le sort de deux grands voiliers, le trois-mâts* Hautot*, de la Compagnie rouennaise de transport, et le* Daniel*, de la Société général d'armement, de Saint-Nazaire, dont on est sans nouvelles depuis les premiers jours du mois de juillet dernier. Le trois-mâts barque* Hautot *(...) ayant quitté Le Havre le 8 février dernier, l'avant-veille de son départ, le capitaine avait présenté à l'inscription maritime son rôle d'équipage qui était composé de MM. Guerpin, de Rouen, capitaine, du commandant Bourdes, second capitaine, et (suivent les noms des 22 autres membres de l'équipage) ; ajoutons que Madame Guerpin, femme du commandant accompagnait son mari (...)»*.

Sous le titre *«Un voilier dans les glaces»*, le même journal du 11 février 1907, rend compte de renseignements relatant un incident de la traversée du *Château-d'If*, récemment arrivé au Havre et venant de Nouvelle-Calédonie.

Hautot, trois-mâts barque en acier, construit par les Chantiers de Normandie à Grand-Quevilly en 1899-1900, pour la Compagnie rouennaise de transports maritimes, pour le transport du nickel de Nouvelle-Calédonie. © DR

Ces renseignements sont relatifs à la rencontre d'un voilier bloqué dans les glaces qui pourrait être l'*Hautot* ou le *Daniel* : «*Le capitaine Marrec rapporte avoir rencontré le 4 novembre, vers 8 h du matin, dans les parages des Falkland, par 51 ° Sud et 53 ° Ouest, à un mille sous le vent, un trois-mâts bloqué dans les glaces. Le navire qui n'avait plus ni vergues, ni mâts de perroquet, était couché sur tribord sur un immense glacier. Selon le capitaine, l'iceberg était si grand qu'il avait l'aspect d'une terre quelconque et que le voilier semblait être à la côte, échoué sur une plage. Le bâtiment avait son beaupré et une partie de son gaillard avant sous la neige. Autant que le pouvait permettre la distance, on remarqua qu'il était peint en gris avec des faux sabords noirs ; on ne put constater aucun signe de vie à bord*».
La même rencontre est faite au mois de novembre par le capitaine David, à bord du trois-mâts *Le pilier*, de l'armement nantais J-B Etienne, pris dans les glaces, à la hauteur des Malouines. Certaines glaces étaient si profondes dans l'eau qu'elles étaient échouées sur les bancs de Bur-Wood, par des fonds supérieurs à cent cinquante mètres. Un jour, par beau temps, il aperçoit un iceberg sur lequel un trois-mâts est échoué, l'avant sur la glace, l'arrière au niveau de la mer, sans mâts de perroquet, les vergues en tous sens, ne donnant aucun signe de vie.

Le temps passant, l'*Hautot* fut déclaré «Missing» – perdu corps et biens. Ce naufrage fit vingt-cinq victimes dont le mousse Xavier Moncus, âgé de 14 ans, et les novices, guère plus âgés, Henri Lelong et Robert Lechevalier. Longtemps à Rouen on espéra. Un moment, on crut même l'avoir retrouvé au large des côtes d'Angleterre, fausse nouvelle, les Anglais l'avaient confondu avec le *Biessard*, son sister-ship. Une messe anniversaire fut célébrée à l'église de la Madeleine, à Rouen, et le jugement des décès intervint en 1909. Le capitaine Guerpin avait 29 ans, sa jeune femme, 25.

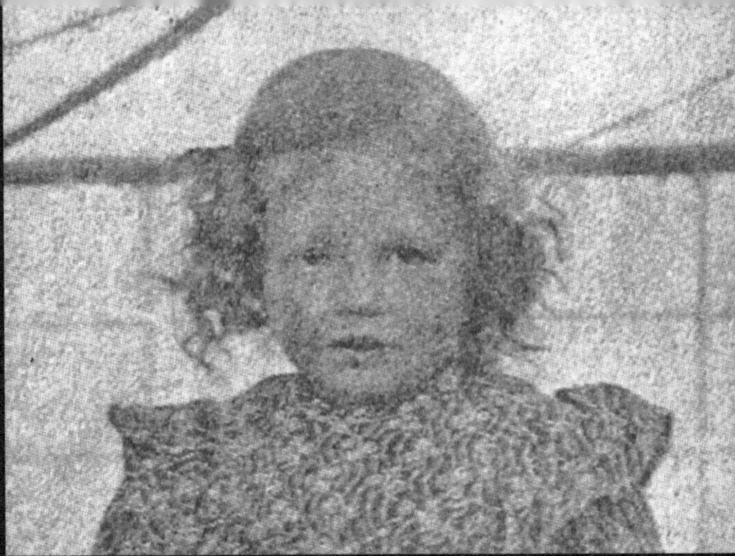

Mademoiselle LECLERC

© DR - PHOTO TIRÉE DE *NORMANDS AU CAP-HORN*, MUSÉE MARITIME DE L'ÎLE DE TATIHOU.

L'épouse du capitaine Ernest Leclerc embarque, en qualité de passagère, à bord du trois-mâts *Duguay-Trouin* de la Société bretonne de navigation, en 1907-1908. Le navire armé pour la Nouvelle-Calédonie est allé prendre un plein chargement de nickel à Pouembout, au Nord-ouest de l'île, et a fait son retour sur Le Havre. Madame Leclerc avait emmené avec elle leur petite fille, ce qui en fit une cap-Hornière à l'âge de six ans. Des années plus tard, elle a laissé de son voyage ce trop court témoignage : *«J'avais 6 ans en 1907, à bord du* Duguay-Trouin*, mes parents me disaient : "Regarde bien, tu te rappelleras plus tard !", à tel point que mes souvenirs sont restés très vifs (…).Au passage du cap Horn, c'est le maître d'hôtel Hamel qui me réveilla à 4 heures du matin, m'enveloppa dans des couvertures, et me monta sur la dunette pour me faire voir un prodigieux spectacle : des montagnes de glace, brillantes sous la lune, de chaque côté du navire, et j'entendis mon père dire à ma mère : "si nous n'avions pas vu ces icebergs à temps, et que nous les ayons heurtés, nous aurions été écrasés comme une pomme". C'est certainement la raison pour laquelle le maître d'hôtel était venu prendre l'enfant que j'étais alors, car rien n'était joué. Ce sont des souvenirs qu'on n'oublie pas, ni mon séjour en Nouvelle-Calédonie, au milieu des indigènes qui chargeaient le nickel ; les palétuviers, refuges de moustiques, le trois-mâts anglais qui n'avait plus de vivres et que mon père ravitailla en mer. Les matelots anglais se serraient la ceinture en guise de remerciements !»*

Madame ERNOUF

Un moment de détente sur le *Dieppedalle*. © DR

Madame Ernouf, épouse du capitaine Lucien Ernouf, embarque sur le trois-mâts *Dieppedalle*, sur lequel Madame Augé l'avait précédée, mais elle n'a rien laissé de ses souvenirs ; seule une photographie témoigne de sa présence à bord. On sait qu'elle embarque au Havre, pour un voyage en Nouvelle-Calédonie, en juillet 1907 et que le navire prend la mer le 1er août. Il charge à Thio très rapidement, du 6 au 19 novembre, un plein de nickel sous le nouveau transbordeur et reprend la mer à destination de Glasgow où il arrive le 28 février 1908.

Réarmé à Glasgow pour la Nouvelle-Calédonie, il touche Brest, le 13 mai, pour faire valider ses papiers, démarche indispensable pour faire valoir les droits à la « prime de navigation », et sans doute compléter son équipage. Il fait une traversée rapide jusqu'à Thio, en quatre-vingt-quinze jours. Il y prend un plein chargement de nickel et reprend la mer, le 23 juillet 1908, pour Le Havre.

Au retour du second voyage, Madame Ernouf a quelques frayeurs. En octobre, au Sud-Est des Malouines, le navire reste bloqué douze jours durant dans les glaces et s'en sort heureusement sans avaries majeures. On peut imaginer que, pour tenir dans ce froid austral, l'équipage avait été regroupé à l'arrière du navire, dans le carré des officiers, autour de la seule source de chaleur du navire, comme cela était arrivé quelques années plus tôt sur l'*Émile-Renouf*. Il touche Le Havre, le 4 décembre 1908, Madame Ernouf et son mari-capitaine quittent le bord ; elle reste à terre et lui change de métier, devenant armateur à Granville.

Madame RIO

Madame Rio et son capitaine de mari Alphonse Rio.
© DR - COLL. JEAN RIO

Bien qu'on en sache peu de choses, l'histoire de Madame Rio, épouse du capitaine Alphonse Rio, est heureusement bien différente. Embarquée jeune mariée, elle aussi, pour son voyage de noces en 1906, sur le trois-mâts *Sully*, elle accompagne son mari pour deux ou trois voyages sur ce même navire, puis le suit sur le trois-mâts *La-Tour-d'Auvergne*, du même armement, pour un dernier voyage vers San Francisco et Portland, dans l'Oregon, en 1909. Voyages heureux sans doute car ceux-là n'ont pas d'histoire et on ne sait rien de ces trois années passées en mer par Madame Rio.

À défaut d'en connaître davantage sur ces voyages, la carrière de son mari-capitaine mérite d'être évoquée. Né à Carnac, le 28 octobre 1878, il est le fils d'un armateur lui-même capitaine de navire. Mousse à 14 ans, en 1887, cinquante ans plus tard, du 13 septembre 1939 au 17 juin 1940, il est devenu ministre de la Marine !

Reçu capitaine au long cours en 1899 à vingt-six ans, il se voit confier le commandement du trois-mâts *Général-Mellinet* de la Société des voiliers nantais. Ses armateurs le choisissent ensuite pour suivre les travaux du trois-mâts *Amiral-de-Cornulier*, qu'il commandera d'août 1900 à octobre 1903. Après une brève période sur le trois-mâts *Surcouf*, toujours de la Société des voiliers nantais, il prend du repos, reste à terre et se marie. En 1906, il prend le commandement du trois-mâts *Sullly*, de la Compagnie maritime française, sur lequel il embarque avec sa jeune épouse. En 1908, il sera sur le trois-mâts *La-Tour-d'Auvergne*. C'est sur ce beau navire que s'achève sa carrière de navigant, en 1909, après dix années de commandement au long cours, ayant doublé quinze fois le cap Horn.

Inspecteur de la navigation, il exerce à Saint-Nazaire puis à Nantes. Lors de la Première Guerre mondiale, il est envoyé à Salonique où il sert jusqu'en 1916. Il est rappelé pour occuper les fonctions de chef de pilotage à Nantes puis, en 1917, il entre au service de l'État, fait partie de la mission Tardieu et se voit confié le poste de directeur adjoint des transports maritimes. Alphonse Rio s'oriente alors résolument vers les fonctions politiques : il sera successivement député du Morbihan, sénateur, président du conseil général du Morbihan, sous-secrétaire d'Etat puis ministre de la Marine marchande. Très entreprenant, on le retrouve dans de nombreux conseils d'administration : Compagnie générale transatlantique, Compagnie générale d'armement, Société havraise de pêche et Compagnie des chalutiers de La Rochelle. Maire de Quiberon de 1919 jusqu'à la Deuxième Guerre mondiale, Alphonse Rio meurt à Paris, le 12 novembre 1949. Son épouse lui survécut quelques années.

A bord du quatre-mâts *Europe* à Portland en 1906. Le capitaine Rio du trois-mâts *Sully* et Madame (à droite de la photo), participent à une réunion amicale avec les commandants des autres voiliers sur rade. © DR

L'escale donne souvent l'occasion de se retrouver...

Belle assemblée de capitaines à Portland, en octobre 1906, où dix navires français chargent du blé. De juin à octobre c'est la saison en Oregon et en Californie et de tous les coins du monde des navires convergent vers Portland ou San Francisco, principalement des voiliers français. Arrivant souvent sur lest, ils y chargent des greniers complets de grain, en vrac ou en sac, et reprennent la mer pour l'Europe. Le capitaine Fiaciera, du quatre-mâts *Europe*, a invité à sa table les jeunes capitaines de ces beaux et grands voiliers. Sont présents : Alphonse Rio du *Sully*, Corvée du *La Pérouse*, Le Braz du *La-Tour-d'Auvergne*, Ludovic Arnaudtizon, de l'*Émilie-Galline*, L. Bonny, le doyen de 50 ans du *Ville-de-Mulhouse*, Louis Seven du *Jean-Bart*, Georges Ledru du *Buffon*, Jean Delignac du *Geneviève-Molinos* et Le Troquer du *Bougainville*. La jeune femme à droite pourrait être Madame Rio qui voyage avec son mari. Le capitaine Ledru raconte cette mémorable soirée : « *(...), chaque jour, nous nous retrouvions chez la mère Bloch, tenancière d'une boutique où les marins français étaient certains de trouver tout ce dont ils pouvaient avoir besoin, et les capitaines recevaient toujours le meilleur accueil dans la salle disposée à leur intention, pour y prendre l'apéritif servi par la demoiselle de la maison, Mademoiselle Rachel, qui devait épouser quelques mois plus tard un second capitaine sur un trois-mâts Nantais. Souvent nous nous retrouvions à bord d'un des navires pour y souper et y passer la soirée au cours de laquelle nos camarades Rio et Seven se livraient à des luttes oratoires sur les questions politiques, notre camarade Rio étant bien documenté sur ces questions (...)* ».

Madame RABECQ

Madame Rabecq, épouse du capitaine Léopold Rabecq, embarque sur le trois-mâts barque *Ville-de-Dijon* de la Compagnie des voiliers havrais. Son mari en avait pris le commandement à New York en 1908, et l'avait ramené à Queenstown (Angleterre) en cent seize jours. Madame Rabecq embarque donc de là pour un unique voyage en Australie, le navire revenant sur Anvers, avec un chargement de blé, en juillet 1909.

Elle a laissé le récit de son unique traversée sur le *Ville-de-Dijon*, donnant au passage son opinion sur le rôle des femmes à bord : *« La femme sur un voilier doit être une passagère occupée uniquement de son mari, de ses appartements, de ses travaux personnels, sans se mêler en rien à la vie du bord. Toujours correcte et discrète en sa tenue, polie et aimable avec tous, la femme du capitaine ne peut se laisser aller à aucune familiarité ; de son tact dépend parfois l'ordre et la bonne entente de tous. Sa seule présence adoucit bien des choses et en impose, inconsciemment peut-être, à l'équipage, plus retenu dans ses manières et ses propos »*.
Suivent ses impressions de voyage et ses occupations à la mer : *« Par beau temps, je me promenais souvent sur la dunette, admirant les aspects si variés et parfois féeriques de couchers de soleil. Je m'intéressais, à distance, aux manœuvres, à la pêche aux gros poissons, à celle des albatros. La ménagerie du bord était une grande distraction, avec la couture, la broderie et la lecture en plein air. Dans les gros temps, je restais dans la chambre de veille, ou dans ma cabine, à faire de la musique ou du raccommodage, de la lessive, etc., et me contentais alors de regarder la mer par les hublots. On ne peut se faire une idée sur une plage de l'aspect terrible et varié des lames en plein océan, mais comme on comprend mieux son mari marin, quand on partage sa vie périlleuse »*.
Puis suit son récit de l'arrivée à Hobart, l'émerveillement de la découverte d'une terre inconnue, la promenade dans les bois de Tasmanie d'où s'envolent des compagnies de perruches aux couleurs vives et chatoyan-

tes, et à nouveau la mer : « (...) *Après quelques heures d'escale, sitôt les ordres reçus, c'est un nouveau départ,* Ville-de-Dijon *glisse à nouveau majestueusement vers l'embouchure de la Derwent, vers l'océan, vers l'inconnu ! Des voiliers (au mouillage) s'élèvent à son passage des hourrah joyeux pour le navire et son équipage ; sous une gaîté apparente, la même angoisse étreint tous les cœurs. Quel sera le destin de celui qui part aujourd'hui, et le sort de ceux qui appareilleront demain ? Parmi ces équipages qui nous saluent, il en est qui n'ont jamais reparu et je n'oublierai jamais cet adieu d'une grandeur si émouvante* ».

Le trois-mâts *Suzanne*, construit en 1901 par les Chantiers de Normandie, à Grand-Quevilly pour l'armateur Edouard Corblet du Havre. Comme tous les navires de l'armement, il est affecté au transport du nickel de Nouvelle-Calédonie. © DR

Ensuite elle raconte le cap Horn : «*Au cap Horn, nous avons eu des temps effrayants. L'angoisse de disparaître, tous jeunes et pleins de vie, en cette eau noire et profonde prend au cerveau, au point de ne plus penser à autre chose. À chaque coup de mer, je crois que c'est la fin et, toujours, le navire se relève, mais je lis dans les yeux du capitaine, resté nuit et jour à son poste, une gravité exceptionnelle, qui m'éclaire sur la situation. Les marins luttent jusqu'au bout contre la mort qui menace et sauraient mourir en silence ; une femme de marin doit être la digne compagne de son mari en toutes circonstances*».

Madame Rabecq conclut : «*Beaucoup de jeunes filles de nos côtes sont filles, petites-filles, arrière-petites-filles de marins, descendantes sans doute de cette race de Vikings que les dangers de la mer n'ont jamais effrayés. Que de fois, assise sur la plage, devant le flot montant, ai-je rêvé de faire un grand voyage et de vivre entre le ciel et l'eau, bien loin de tout rivage. Les marins étaient pour moi et pour beaucoup de mes compagnes des êtres extraordinaires, nimbés d'une auréole de courage, de sang-froid, d'esprit chevaleresque, qui nous attirait. Les jeunes filles de nos côtes restaient attirées par le charme de la vie aventureuse et émouvante des marins. Confiantes en leur bonne étoile, elles envisagent leur destin avec sérénité en disant – A Dieu Vat ! et j'ai réalisé mon rêve de jeune fille, puisque j'ai pu naviguer avec mon mari à bord du* Ville-de-Dijon».

À son retour au Havre, le *Ville-de-Dijon* est vendu. C'est en pleurant que Madame Rabecq quitte son «foyer flottant», après y avoir connu d'inoubliables émotions. Son mari prenant le commandement du trois-mâts *Suzanne* affrété pour la Nouvelle-Calédonie, il était tentant de le suivre, mais des espoirs de maternité la font renoncer à un nouveau voyage.

Alice HENRY

Pour Madame Alice Henry, l'épouse du capitaine Amand Henry, c'est son petit-fils Jean-François qui, dans son livre *La Dame du Grand Mât*, raconte, entre autres, ses deux voyages. Femme discrète, frappée par le malheur d'avoir perdu sa petite fille Marcelle, il apparaît qu'elle n'ait que très moyennement apprécié ses voyages au long cours.

Mariée depuis 1906 et mère d'un petit garçon qui se prénomme Amand, comme son père et son grand-père, Alice Henry embarque à Dublin, en juillet 1908, pour suivre son mari sur le trois-mâts *Brenn*. Elle s'installe à l'arrière dans les appartements du capitaine. Celui-ci revenait d'un voyage de quatorze mois dans l'océan Pacifique sur ce même navire de la Compagnie celtique maritime. Le navire quitte Dublin en même temps que l'*Armen*, un trois-mâts comparable au *Brenn*, commandé par le capitaine Revel, un de ses amis. Les deux commandants vont « régater » jusqu'en Australie, par le cap de Bonne-Espérance qu'ils franchissent dans la tempête. Au large de la pointe de l'Afrique, la mer embarque sans cesse et le *Brenn*, à la suite d'un mauvais coup de barre engage et se couche en travers de la lame. Il sera redressé après bien des difficultés, causant une grande frayeur à Madame Henry. Les deux navires arrivent le même jour en Australie, au mois de novembre, l'*Armen* le matin, le *Brenn* dans la soirée, au terme d'une belle course à travers les océans dont la presse australienne s'empare, publiant de nombreux articles sur l'événement

Le *Brenn* relève pour San Francisco qu'il touche en mars1909. Là, le capitaine Henry est confronté au problème des désertions ; trois homme quittent le bord, événement hélas assez courant à cette époque sur la côte Est des États-Unis. Il a aussi à régler un conflit avec une partie de l'équipage et Madame Henry éprouvait une réelle crainte, mêlée de mépris : *« (...) pour ces matelots qui avaient un mauvais esprit »*. Le *Brenn* quitte San Francisco pour l'Australie, mais Alice est enceinte, ce qui fait dire au capitaine : *« (...) quand on est sur un trois-mâts, les choses se compliquent sérieusement »*. À Sydney, le capitaine écrit à ses armateurs : *« Je vais être obligé de faire rentrer ma femme par le courrier, car, étant enceinte, je ne peux la conserver ici que sous le risque de me trouver embarrassé ! »*. Le 12 juin 1909, Alice Henry quitte Sydney à bord du *Salazie*[34], un vapeur des Messageries maritimes qui fait son retour sur Marseille par le canal de Suez. De là elle regagnera l'île d'Yeu en chemin de fer.

[34] *Salazie*, paquebot mixte (voile et vapeur), de 130 m de long, large de 12 m, pouvant embarquer 90 passagers en première classe, 44 en seconde et 75 en troisième. D'une série de sept navires identiques, il est construit à La Ciotat en 1883. Il est drossé et perdu par un cyclone à Madagascar, près de Diego Suarez, le 24 novembre 1912. *(voir photo page 91)*.

En mer depuis un an, elle rentre toute seule, de l'autre bout du monde, et accouche à terme, le 21 novembre 1909, d'une belle petite fille prénommée Marcelle. Pendant que sa femme regagne la France par les moyens rapides de l'époque, Amand Henry repart pour San Francisco où il arrive le 15 septembre, puis fait route pour l'Europe, le 3 novembre 1909. Il n'arrive en Angleterre qu'au mois d'avril 1910, après un voyage particulièrement long par le cap Horn, cent soixante-huit jours de mer, ce qui lui fait écrire : *«Je suis, comme vous devez le penser, navré de ma traversée, car cent soixante-huit jours est énorme. Mais les* Duquesne, Ville-de-Mulhouse *et* Duguay-Trouin *partis au même moment, sont dans les mêmes conditions. J'avais pris des vivres pour cent quatre-vingts jours et je commençais à me demander s'il ne fallait pas diminuer les rations, j'ai manqué de sucre dix jours, mais on vit bien sans cela (...). Au cap Horn, j'ai eu la tortue de la barre arrachée et la roue brisée par la mer. Le navire a beaucoup fatigué. J'ai aussi beaucoup de misères avec mon équipage et (...), il n'y aura bientôt plus moyen de continuer sur ces navires, car c'est un véritable enfer de vivre avec des gens pareils. Je vous assure que j'ai hâte d'être débarrassée de ces insolents si peu consciencieux»*.

Après ce long voyage, le capitaine qui n'est pas rentré chez lui depuis avril 1907, soit exactement depuis trois années, repart le 1er juin 1910, pour un nouveau voyage vers le Pacifique, le trois-mâts *Brenn* étant passé à la Compagnie navale de l'Océanie. Parti de Dunkerque, il atteint Nouméa en octobre 1910, où il escale jusqu'en janvier 1911. Il en repart chargé de nickel pour Anvers, où il arrive le 4 mai 1911. Un voyage de plus de onze mois pendant lequel Alice Henry est restée avec ses enfants, à l'île d'Yeu. Le capitaine débarque et va rester quelques mois à terre pour se reposer.

En novembre 1911, la Compagnie navale de l'Océanie propose au capitaine Henry de prendre le commandement du trois-mâts *Jeanne-d'Arc*, en relâche à Anvers. Pour prendre ce commandement, le capitaine Henry, qui avait obtenu de ses armateurs l'autorisation d'embarquer sa femme *«aux conditions d'usage»*, part pour Anvers avec celle-ci, laissant à l'île d'Yeu leurs deux enfants, confiés à leurs grands-parents.

Alice Henry embarque pour un nouveau voyage en Nouvelle-Calédonie cette fois. Mais ils quittent Anvers en décembre, sans savoir que leur fille Marcelle, âgée de deux ans, est très gravement malade. Le télégramme les prévenant de la situation est arrivé à Anvers peu de temps après le départ du navire, alors qu'il est en relâche à Dungeness, retardé par le mauvais temps en Manche. La petite Marcelle décède peu de temps après, on la portera en terre le 21 décembre.

La traversée est dure, le navire met plus de quatre mois pour atteindre la Nouvelle-Calédonie, et Alice Henry, qui supporte mal le gros temps, est souvent cantonnée dans ses appartements où elle reste couchée, ignorant tout de la mort de sa fille. Lorsqu'ils arrivent à Nouméa, le 2 mai 1912, ils ne s'attendent pas à la triste nouvelle. On leur remet en même temps le télégramme de décembre, leur annonçant les craintes qu'inspirait la santé de leur fille Marcelle, et celui leur annonçant le décès. On imagine la douleur et le remords de la maman, le temps et la distance étaient contre eux, ils ne pouvaient plus rien faire, si loin de chez eux.

Mais la vie continue, le navire prend un plein chargement de nickel à Port Bouquet et reprend la mer le 11 juillet, à ordres, pour l'Europe, par le cap Horn, ce qui fera d'Alice Henry une cap-hornière. Le *Jeanne-d'Arc* arrive au Havre, où il désarme le 3 novembre, après une longue traversée de retour – cent quinze jours de mer – soit près de quatre mois. Madame Henry impatiente de rentrer chez elle, retrouve son fils et sa famille après plus d'une année d'absence. Elle reprendra la mer un peu plus tard, pour suivre son mari à Nouméa et à Madagascar, où il est nommé capitaine de port. Ils quittent la France avec leur fils Amand, dans des conditions évidemment très différentes, et auront deux autres garçons, Paul et Pierre, tous deux nés en Nouvelle-Calédonie.

Le steamer *Salazie* des Messageries Maritimes.

Madame JEANNIN

Madame Jeannin, première épouse du capitaine Pierre Jeannin, embarque à bord du trois-mâts *Suzanne*, de la Compagnie havraise de navigation, de 1915 à 1917. Sa fille Suzanne est née à bord en 1915, ses parents lui donnant comme prénom celui que portait le navire.
Pour son dernier voyage en 1917, la guerre sous-marine battait son plein et c'est le capitaine Louis Lacroix qui témoigne de l'abnégation et du courage de la femme du capitaine : *« Il fallait qu'elle ait l'amour pour son capitaine de mari bien amarré à son cœur d'épouse pour ne pas hésiter à partir avec lui de Bordeaux, en avril 1917, sur l'un des navires à voiles qui devaient forcer le blocus des passes de la Gironde avant de s'élancer vers l'Australie pour aller y chercher le blé qui manquait alors en France ».*
Il est inutile de préciser que Madame Jeannin n'avait obtenu aucune autorisation officielle pour accompagner son mari : *« Pas de femmes à bord»*, le règlement maritime était très strict, surtout en temps de guerre. Elle était donc « clandestine ».

Le voyage a été mouvementé, et Madame Jeannin l'a raconté dans une note dont est extrait ce qui suit : *« Départ de la rade du Verdon par fort vent d'est, le 22 avril 1917, convoyé par deux navires de guerre, destination Geelong en Australie. Le convoi comprend dix-huit voiliers, quinze français dont* Alice, Germaine *et* Suzanne *du même armement, la Cie Corblet, et trois étrangers (...). Dès la sortie de la rade, un sous-marin attaque au canon et coule les trois voiliers étrangers. Les navires* Alice et Suzanne, *armés de deux canons de 90 mm servis par sept marins de la Marine nationale, tirent sans résultat. Le capitaine Rault, de l'*Alice, *qui a donné l'ordre de tirer, sauve ainsi une grande partie du convoi, il sera récompensé pour son action. Le convoi se disloque immédiatement,* Suzanne *en tête, mais en manœuvrant pour sortir, le* Grillon *et le* Boëldieu *s'abordent, et*

[35] Un navire est dit « en fuite » lorsqu'il fuit devant la tempête sous voilure réduite.

[36] Germaine Alice Corblet, cinquième enfant de l'armateur Édouard Corblet, née au Havre le 8 avril 1886, épouse René Coty (1882-1962), avocat inscrit au barreau du Havre, le 21 mai 1907, président de la République du 23 décembre 1953 au 8 janvier 1959. Germaine Coty décède au château de Rambouillet, le 12 novembre 1955, pendant le mandat de son Président de mari.

le Grillon *revient à Bordeaux. Le 7 mai 1917, le* Suzanne *passe au large des Iles du Cap Vert, voyage sans incidents jusqu'en Australie».* Après quatre-vingt-treize jours de mer, le trois-mâts *Suzanne* arrive à Melbourne.
Madame Jeannin devient la mascotte du bord : elle avait porté chance disait l'équipage. Elle est reçue et fêtée à terre, comme c'est l'usage à cette époque. Quelques jours après arrivent à leur tour *Alice* et *Germaine*. Un mois plus tard, dans le courant du mois d'août, chargement fait, le trois-mâts *Suzanne* peut appareiller avec 3 500 tonnes de blé.
Tempêtes pendant cinq jours au cap Horn, le navire est en fuite[35] ! Escale à Montevideo, puis départ pour Dakar : arrivée le 24 décembre 1917. À Dakar, Madame Jeannin subit la rigueur du règlement ; elle est obligée de débarquer et doit laisser son mari continuer seul son voyage vers Bordeaux. Elle rentre en France à bord d'un paquebot de ligne régulière. Jeune Cap-hornière, elle décède à l'âge de 24 ans.

Suzanne Jeannin, la fille du capitaine Jeannin, a doublé trois fois le cap Horn, embarquée sur le bateau de son père avec la seconde épouse de celui-ci. Devenue Madame Saran, elle n'a laissé de ses voyages que ces quelques lignes :

> *«Je suis la fille de Pierre Jeannin, capitaine au long cours, ayant commandé durant de nombreuses années le trois-mâts barque* Suzanne, *un des quatre bateaux construits par monsieur Léon (Édouard) Corblet, père de Madame Coty*[36]*. Je suis née en 1915 sur ce voilier dont je porte le nom et c'est mon père qui a dû me mettre au monde, après s'être renseigné auprès d'un docteur au départ d'Australie. Comme j'étais bien petite, il m'a mise dans une sorte de couveuse de coton. J'ai voyagé jusqu'à l'âge de six ans, mais de deux à trois ans, j'ai été en nourrice à Orange, car ma mère mourut à l'âge de 24 ans. Un an après, mon père se remariait pour me donner une mère et je revins sur le bateau avec elle. J'ai doublé trois fois le fameux cap Horn.*
>
> *« J'avais entre trois et six ans, c'était toujours sur le* Suzanne *; dès cet âge, je fus marquée par la mer et tous mes souvenirs furent tirés d'elle ! Je me rappelle très bien la disposition du salon salle à manger avec ses fauteuils tournants, la table «à roulis»» supportant assiettes et verres encastrés de façon à ce que rien ne voltige à travers la pièce pendant les mauvais temps. Je me souviens aussi de la chambre de veille d'où je dominais le pont. De nombreux pigeons*

s'ébattaient, roucoulant, apportant une note de gaieté et des cris plus harmonieux que ceux des oiseaux de mer. Je pense aussi à un fait marquant de ma tendre enfance. J'étais sur le pont de la dunette et je regardais des matelots occupés à égorger un porc. La pauvre bête est sortie en hurlant de la cuve d'eau bouillante dans laquelle on l'avait plongé, le croyant mort ! Mais, quoique blessé, il n'était pas mort, ce qui provoqua, lorsqu'il s'échappa une véritable chasse à courre sur le pont, où évidemment il fut finalement maîtrisé et, cette fois, exécuté. J'ai vu des requins allongés sur le pont, et les albatros et les poules d'eau du cap de Bonne-Espérance. Mon univers, en ce temps-là, était cette maison flottante de mes parents et des matelots, qui me gâtaient, me fabriquaient des poupées en chiffons. J'en avais plus de vingt, ainsi qu'un cheval en bois. En cours de voyage, ma mère m'avait appris à lire, à écrire et à réciter. À bord, je n'avais naturellement pas de camarades enfants, mais je n'en souffrais pas. Lorsque mes parents se sont installés à Bordeaux et que je suis allée à l'école, j'ai ressenti les effets de cette solitude enfantine, car j'étais naturellement un peu sauvage et fort timide, mais quels merveilleux souvenirs la mer m'a laissés (…)».

Madame CAVELAN

Madame Cavelan sur le *Jacobsen*, jouant avec le chien et à la barre 1911-1913. © DR - CAPITAINE CAVELAN

Pour Madame Cavelan, épouse du capitaine Armand Cavelan, seules trois photos témoignent de sa présence à bord du *Jacobsen*[37]. Armand Cavelan, reçu capitaine au long cours en juin 1901, est choisi par la société des Voiliers dunkerquois pour surveiller la construction du trois-mâts barque *Cornil-Bart*, à Saint-Nazaire, navire lancé le 14 mai 1902. Il en prend le commandement en juillet et le garde jusqu'en 1905.

Ensuite, il commande les trois-mâts *Bérengère* et *Jean-Bart*, jusqu'en 1910, avant de prendre le commandement du *Jacobsen*, trois-mâts de la société Les Voiliers dunkerquois sur lequel Madame Cavelan fait un long voyage en qualité de passagère de 1911 à janvier 1913. Ce voilier était affecté aux voyages vers le Chili.

[37] *Jacobsen*, du nom du Dunkerquois, oncle de Jean-Bart.

Marie OLIVAUX

L'embarquement de Marie Olivaux, vingt-deux ans[38], épouse de Raphaël Olivaux, second capitaine sur le trois-mâts *Hoche* de la Société nouvelle d'armement, semble être un cas unique. On sait que les jeunes capitaines emmenaient leurs épouses quand l'armement les y autorisait mais pas un second capitaine. On ne sait pas grand-chose de cet embarquement, sinon que Marie Olivaux embarque en Irlande, à Limerick[39], comme passagère avec l'enfant du couple, sur le *Hoche*, commandé par le capitaine Joseph Marie Durand. Le navire quitte Limerick le 10 mai 1914 et fait son retour, en pleine guerre, sur Ipswich[40], le 23 septembre 1915. Après ce premier et long voyage de seize mois et six jours, Marie Olivaux reste à bord.

[38] Marie Olivaux était née à Lorient le 10 octobre 1892.

[39] Limerick, port de commerce sur la côte ouest de l'Irlande, sur la rivière Shannon.

[40] Ipswich, port de commerce de la côte sud-est de l'Angleterre, dans le comté de Suffolk.

[41] D'autres sources indiquent que le trois-mâts *Hoche*, de la Société générale d'armement, aurait été coulé par un sous-marin allemand le 28 octobre 1915, aux environs de la Tyne, allant d'Ipswich à Leith.

En octobre 1915, le trois-mâts *Hoche*, toujours sous les ordres du capitaine Durand et de son second Raphaël Olivaux, est affrété pour un voyage du nitrate d'Ipswich à Valparaiso, via Leith, en Écosse. À bord se trouvent les vingt et un membres d'équipage, Marie Olivaux et l'enfant du couple dont on peut supposer qu'ils devaient débarquer à Leith, en effet l'embarquement des femmes à bord des long-courriers était à juste titre interdit en ce temps de guerre. Ils quittent Ipswich en remorque et sur lest, le 20 octobre. Au large, ils rencontrent une forte tempête, la remorque casse, et le trois-mâts part en dérive pendant plusieurs jours. Il est aperçu pour la dernière fois le 28 octobre dans la soirée, à huit milles au large de Carnoustie ; la tempête fait rage et le navire paraît être en difficulté. Le lendemain, ses quatre embarcations, des ceintures de sauvetage et de nombreuses épaves sont découvertes sur la côte écossaise entre Arbroath et Carnoustie.

Le 29 octobre 1915, le trois-mâts *Hoche* est officiellement déclaré perdu corps et biens[41].

Marcelle DELANOË

Une des dernières histoires connues est celle de la famille Delanoë. L'épouse du capitaine Émile Delanoë embarque avec sa fille Marcelle, âgée de cinq ans, sur le trois-mâts *Le Pilier*[42] de l'armement nantais Jean-Baptiste Etienne. C'est à l'occasion de sa prise de commandement que le capitaine Delanoë les emmène, au début du mois de juillet 1914, à Waterford, en Irlande, alors que le navire, de retour de San Francisco, est en opération de déchargement. Mais, le 3 août, l'Allemagne déclare la guerre à la France et le navire reste bloqué pendant deux mois, avant d'être remorqué de Waterford à Cardiff, pour y prendre un plein chargement de charbon du Pays de Galles, à destination de Montevideo et de la côte Ouest des Etats-Unis.

Il prend la mer le 24 octobre et, malgré les dangers de la guerre, Madame Delanoë et sa fille Marcelle restent à bord. Ils touchent Montevideo le 26 décembre, après soixante-trois jours de mer. Le 28 février 1915, *Le Pilier* fait voile sur le rio de la Plata, d'où il repart pour Callao (Pérou) où il arrive le 23 avril, ayant doublé le terrible cap Horn en pleine guerre. L'équipage apprend alors qu'ils ont eu beaucoup de chance de ne pas avoir fait de mauvaises rencontres. En effet, le *Jean*, un voilier français commandé par le capitaine Joseph Le Dillinger, a été coulé le 11 décembre par le croiseur auxiliaire allemand *Prinz-Eitel-Friedrich*, au large des Falkland. Le 27 janvier, il coulera le *Pierre-Loti*, capitaine Tranchant, et, le 28, le *Jacobsen*, capitaine Thomas Gueno, dans les mêmes parages. Madame Delanoë attend alors un heureux événement et le capitaine ne veut pas prendre le risque de la garder à bord avec une naissance annoncée et un nouveau-né, alors que la guerre sous-marine bat son plein. Madame Delanoë et sa fille débarquent pour regagner la France. Pendant que le trois-mâts poursuit son voyage vers les Etats-Unis, elles franchissent le canal de Panama, et prennent passage à Colón sur le paquebot français *Haïti*. Après une escale à Fort-de-France, elles débarquent à Bordeaux.

[42] Jean-Baptiste Etienne, grand amateur de navigation et yachtsman émérite, a donné aux deux navires qu'il a fait construire des noms rappelant des endroits familiers, les platures de la Banche et l'îlot du Pilier qui marquent l'entrée de la Loire et l'extrémité de la baie de Bourgneuf.

Marcelle Delanoë, sous le titre *Comment je devins Cap-Hornière !*, raconte ses souvenirs[43] : « *Mon père, Émile Delanoë, ayant obtenu son brevet de capitaine au long cours à l'Ecole de Saint-Malo le 26 mars 1913, fut désigné, au début de juillet 1914, pour prendre le commandement du voilier* Le Pilier, *succédant au commandant Jamet (...). Son équipage comportait une vingtaine d'hommes. Mon père connaissait parfaitement ce bâtiment, puisqu'il s'était trouvé à bord comme second, pendant deux ans avec le commandant Léonce David, de St Lunaire.* Le Pilier *se trouvant en cours de déchargement au port de Waterford (Irlande du Sud), il fut décidé que ma mère et moi-même accompagnerions le nouveau commandant jusqu'à son départ des Iles britanniques pour un nouveau voyage. Nous embarquâmes à Saint-Malo le 6 juillet et, le 8, nous étions à bord. La guerre de 1914-1918 étant survenue au début du mois d'août, nous restâmes à bord à Waterford, puis nous fîmes mouvement sur Cardiff où nous fûmes à quai le 24 septembre. Mes parents ayant eu le chagrin de perdre ma petite sœur âgée de huit mois, qui était restée à Saint-Briac, décidèrent que nous resterions à bord pour le voyage vers l'Amérique du Sud.*

[43] Texte adressé de Dinan, en janvier 1973, par Madame Marcelle Hervy-Delanoë, fille du commandant Emile Delanoë, à l'Amicale internationale des capitaines au long cours cap-horniers.

[44] Coulé par le sous-marin allemand *U-45*, commandé par le lieutenant de vaisseau *Sittenfeld*. Ce sous-marin, mis en service en 1916, sera à son tour coulé par un sous-marin britannique, le *D-7*, le 12 septembre 1917, à 22 milles au Nord d'Hims.

Nous quittâmes Cardiff le 24 octobre et, après une traversée sans histoire, nous arrivâmes le 26 décembre à Montevideo. De là, nous repartîmes le 2 février 1915 pour arriver le lendemain à La Plata. C'était là la dernière étape avant le grand départ pour le célèbre cap Horn que les marins n'affrontaient pas sans inquiétude. Ayant quitté La Plata, le 28 février, nous doublâmes le fameux Cap pour arriver à Callao (Pérou) le 23 avril, ayant effectué une assez bonne traversée, marquée seulement par quelques dégâts dans la voilure. En arrivant dans ce port, nous apprîmes que nous avions eu de la chance de ne pas faire de mauvaises rencontres, car plusieurs navires venaient d'être coulés par des corsaires allemands, dans les parages des Iles Falkland. Nous l'avions donc échappé belle ! Ma mère attendant un heureux évènement pour le mois d'août suivant, il fut décidé que nous rentrions toutes les deux en France.

Laissant mon père à Callao nous prîmes un vapeur qui nous amena au Canal de Panama, nous fûmes probablement, parmi les premières Françaises à franchir cet important ouvrage ouvert à la navigation en août 1914. Nous embarquâmes ensuite sur le paquebot français Haïti *à Colon et après une*

escale à Fort-de-France, nous arrivâmes à Bordeaux en 1915. C'est ainsi qu'âgée d'un peu plus de cinq ans, j'eus la chance d'effectuer ce magnifique voyage, qui me permet d'être une des dernières Françaises ayant eu le privilège de doubler le terrible cap Horn à bord d'un voilier.
Quels souvenirs ai-je conservés de cette traversée ? Évidemment ce sont ceux d'un enfant (...). Je me souviens bien qu'aux abords des Tropiques, des poissons volants bondissant devant les marsouins tombaient quelquefois sur le pont, ceux que les marins attrapaient faisaient de bonnes fritures ! J'ai gardé en mémoire la cérémonie du passage de la Ligne avec les déguisements des matelots chargés de mettre à la baille les nouveaux passagers. Je revois aussi le requin péché avec un énorme hameçon se débattant sur le pont et ouvrant sa terrible gueule armée de multiples dents. Pendant les jours de calme, j'aimais beaucoup tenir compagnie à l'équipage, et ces rudes marins avaient plaisir à m'entendre répéter les ordres du commandant : «parer à virer, amarre fixe, amarre, volant» (...).

À Buenos-Ayres, nous visitâmes le zoo, c'était mon premier contact avec les singes, les éléphants, la girafe, qui m'étonna par son long cou, et j'en garde un souvenir émerveillé. À La Plata, nous assistâmes au carnaval traditionnel et j'ai surtout conservé l'image du personnage figurant la mort avec sa faux qui m'effraya beaucoup. Je me rappelle aussi la violence de la tempête, dans les parages du cap Horn, avec la houle qui faisait tanguer le navire, ce qui me donnait lieu à beaucoup de difficultés pour me tenir debout dans la chambre de veille. Je me souviens particulièrement d'un repas où la gamelle de soupe se renversa sur la table à roulis, et étant tombée de mon siège, je reçus le potage sur la tête ! À Callao, je revois les myriades d'oiseaux de mer planant dans le ciel, se posant dans la mâture et dont on se protégeait des déjections en établissant une toile au-dessus de la dunette.
Après notre départ, mon père continua son périple le long des côtes du Pacifique, ce qui le conduisit jusqu'à Portland (Oregon). Il revint ensuite par le Cap Horn et arriva à Londres le 10 février 1916. Ayant embarqué 3 000 tonnes de ciment, il repartit le 27 avril, mais le 2 mai 1916, à la sortie Ouest de la Manche, il fut torpillé par un sous-marin allemand. Tout l'équipage fut sauvé quelques heures après par un navire anglais, et tout le monde rentra à Saint Malo le 12 mai 1916. C'est ainsi que se termina la carrière du beau trois-mâts nantais Le Pilier[44]*».*
Dernier voyage sur un grand voilier, en 1920, Madame Delanoë, rejoint avec sa fille Marcelle, son mari-capitaine en escale à Limerick, en Irlande, de

retour d'un long voyage en Australie. Ce dernier commande le trois-mâts carré *Laënnec*, de la Société des armateurs nantais. Toutes les deux font la dernière traversée du navire sous pavillon français, de Limerick à Saint-Nazaire où il est désarmé en décembre 1920, et mis en vente. La jeune Marcelle Delanoë qui a fait cette dernière traversée avec son père, à bord du *Laënnec* raconte : *« En pleine guerre, le 18 juillet 1916, mon Père a pris le commandement du trois-mâts carré* Laënnec[45], *de la Société des armateurs de Nantes, sur lequel il effectua plusieurs voyages durant quatre années. J'eus l'occasion avec mes parents d'effectuer sa dernière traversée sous pavillon français depuis le port de Limerick (Irlande) jusqu'à Saint-Nazaire. Ce bateau fut vendu à l'Allemagne au début de l'année 1921 et navigua plusieurs années sous pavillon allemand, portant le nom d'*Oldenbourg. *Vers 1928, il fut revendu à des armateurs finlandais qui mirent des moteurs à bord et le baptisèrent* Suomen Joutsen *(Cygne de Finlande). Après avoir été navire-école, il est maintenant amarré le long d'un quai à Helsinki et sert de musée maritime ».*

[41] *Laennec*, trois-mâts de la Sté des armateurs de Nantes, est désarmé à Saint-Nazaire, dans le bassin de Penhoët, le 1er décembre 1920. Il reste un an amarré à couple du *Maréchal-de-Castries*, navire du même armement. Les deux sont vendus à l'armateur allemand H.H. Schmidt, en novembre 1922.

Au premier plan, le trois-mâts *Laënnec* désarmé, à couple du *Maréchal-de-Castries* dans le bassin de Penhoët à Saint-Nazaire en 1921.

Madame CHEVALIER

Le capitaine Chevalier et Madame à bord du trois-mâts *Bretagne*, en Australie, en 1921.

La dernière histoire que nous connaissions est celle de l'épouse du capitaine Abel Chevalier qui embarque, avec son mari le 18 janvier 1912, sur le trois-mâts barque *Desaix* de la Compagnie maritime française, puis le suit à bord du trois-mâts *Bretagne*, de l'armement nantais Léon Guillon & Cie. Même si l'énumération des dates de ses voyages est un peu ennuyeuse, les périples de cette femme à travers le monde valent qu'on les énumère, notamment pendant la période troublée de la guerre où elle est restée courageusement à bord.

Elle monte tout d'abord sur le trois-mâts *Desaix* avec lequel elle fera deux voyages au Chili. Le navire quitte Dieppe, le 18 janvier 1912, pour Cardiff, charge du charbon à Barry Roads et, le 24 février, reprend la mer pour Caleta Colosso où il arrive après une traversée de cent jours.

Reparti du Chili, à ordres pour Falmouth, le 14 août, il arrive le 28 novembre à Ardrossan ; un voyage de plus de onze mois. Le 8 mars 1913, le trois-mâts quitte Port-Talbot pour un nouveau voyage au Chili, touche à nouveau Caleta Colosso après un voyage de cent onze jours. Repartant le

3 septembre, il est de retour à Queenstown le 24 décembre, après cent douze jours de mer. Le navire relève pour Hambourg, où il arrive, le 7 janvier 1914. C'est là que madame Chevalier et son mari-capitaine débarquent le lendemain, après un voyage de dix mois.

À bord du trois-mâts *Bretagne*, elle va faire sept voyages mettant son sac à bord à Hambourg le 22 juin 1914, le capitaine devant surveiller les opérations d'armement du navire. Il prend la mer le 9 juillet, en remorque pour Rotterdam. Le 3 août, l'Allemagne déclare la guerre à la France, et le navire à quai à Rotterdam est bloqué. Le capitaine profite de ce séjour forcé aux Pays-Bas pour faire une remise en état complète du navire. Il ne quitte Rotterdam que le 9 décembre pour Barry-Docks, où il prend un chargement de charbon et de divers à destination de l'Australie. Il arrive à Fremantle, le 3 mars, d'où il relève pour Port-Adélaïde, et reprend la mer le 4 mai pour Newcastle, qu'il touche le 21 mai 1915 ; il faillit se perdre pendant cette traversée ; le chargement ayant ripé, il faut dix jours de travail acharné pour le redresser. Le 5 août suivant, le navire quitte Newcastle pour Taltal, au Chili, où il arrive le 5 octobre. Il reprend la mer le 19 novembre et fait son retour sur Le Havre, le 19 mars 1916. Un voyage difficile de quinze mois. Réarmé le 11 avril, pour un voyage du nickel, il quitte Le Havre sur lest, le 5 mai, gagne Garston pour y prendre un chargement de charbon pour Nouméa et fait son retour sur Nantes, le 15 mai 1917. C'est la guerre et cela impose des navigations prudentes ; le voyage qui, en temps normal, prend de neuf à dix mois, a duré quatorze mois.
Du 19 mai 1917 au 23 août 1919, le trois-mâts *Bretagne* est réquisitionné par le gouvernement français et loué aux Etats-Unis. En juin 1917, il reçoit un armement défensif de deux canons de 90 mm et le 23 juillet, descend la Loire et fait en mer des essais de tir. Il mouille quarante et un jours sur rade devant Saint-Nazaire et ne prend la mer que le 3 septembre, en convoi, protégé par deux chalutiers armés. Le 13 décembre, il arrive à Sydney où, le 12 janvier 1918, il est affrété par le gouvernement des États-unis, affecté aux voyages du Pacifique. Il quitte Sydney le 23 février pour San Francisco, où il arrive le 1er juin. Il en repart pour Sydney où il arrive le 12 septembre avec un chargement de « divers », dont quatre-vingt-six tonnes de whisky. Il effectue un autre voyage entre l'Australie et San Francisco, du 22 octobre au 30 décembre 1918. Il prend alors un chargement d'orge pour l'Europe. Quittant la Californie le 31 mars, il arrive à Ipswich le 22 août. Pendant toute cette période de guerre, si dangereuse pour les marins du « commerce », Madame Chevalier est restée à bord avec son mari.

En 1918, après la guerre, le navire qui a échappé aux sous-marins est rendu à ses armateurs et, comme tous les navires de charge encore à flot, il est réquisitionné par le Ministère du ravitaillement. Il fait encore deux voyages sur le Chili, toujours sous les ordres du capitaine Chevalier, un premier, du 17 octobre 1919 au 23 juin 1920, chargeant à Taltal et retour sur Ostende, le 20 juin. Remorqué sur Anvers, il part pour un nouveau voyage sur le Chili du 20 août 1920 au 20 octobre 1921, quittant Anvers pour Newcastle, en Australie, chargeant du nitrate à Antofogasta et retour sur Bordeaux.
Au cours de ce dernier voyage, dans les parages du cap de Bonne-Espérance, par temps bouché et tempête d'Ouest, il évite de justesse un iceberg qui, chaviré, ne se signalait que par la mer qui brisait dessus. Le même jour, dans un mauvais coup de mer, le navire vient en travers et il est balayé par une énorme lame : le lest se déplace sur bâbord et le malheureux bateau reste engagé. Les voiles sont enlevées en un clin d'œil ; il ne se sort que difficilement de cette position dangereuse qui vaut à l'équipage plusieurs jours d'un travail pénible pour redresser le navire. Le navire arrive à Bordeaux le 20 octobre 1921, à 21 heures, et l'amarrage aux appontements de Queyries est terminé une demie-heure plus tard. L'équipage peut enfin descendre à terre, pour la première fois depuis exactement huit mois. Après un voyage de quatorze mois, dont trois cent trois jours de mer depuis le départ d'Anvers, Madame Chevalier et son mari-capitaine quittent définitivement le navire qui restera désarmé à Bordeaux un an, avant d'être vendu à un armement allemand et de prendre le nom de *Wilhelmine*.

Le pilotin Henri Picard, futur capitaine au long cours, qui navigua à bord du trois-mâts *Bretagne* lors de ce dernier voyage, témoigne avec respect de la présence de cette femme à bord du navire et de sa gentillesse : *« (...) courageuse, elle accomplit neuf années de navigation au long cours, en temps de paix comme en temps de guerre. Très douce et réservée, un peu timide peut-être, elle était loin d'être une personne encombrante et ne sortait de ses appartements que pour faire une courte promenade sur la dunette avec le capitaine lorsque le temps le permettait. Madame Chevalier intercéda certainement plus d'une fois, sans que personne ne le sut, auprès de son mari en faveur d'officiers ou de matelots ayant encouru les foudres de leur capitaine. Ainsi tout rentrait dans l'ordre à bord du* Bretagne *où le fameux adage : "Chacun chez soi, le navire est droit" était tout particulièrement respecté par tous »*. Madame Chevalier, cap-hornière, est un exemple peu ordinaire : la liste des ports dans lesquels elle a fait escale est impressionnante.

Voilure bien établie à bord de l'*Emilie-Siegfried* - 1906.

Épilogue

Tous les récits que nous avons présentés ici sont pudiques, rarement critiques, pour ne pas dire jamais. Ils illustrent l'effacement de ces femmes discrètes, qui font tout pour ne pas compromettre l'autorité de leur mari. Elles devaient d'autre part garder une grande confiance en eux pour surmonter les inquiétudes que de tels voyages devaient inévitablement engendrer chez elles, à une époque où les navires n'avaient aucun contact avec la terre. On aimerait en savoir davantage sur leurs peurs, leurs angoisses, celles de **Madame Boju**, dans le grand Sud, ou de **Madame Rabecq** au cap Horn.

Dans leurs témoignages, elles ne disent pas grand-chose de leurs conditions réelles de vie à bord. Elles évoquent volontiers les bons souvenirs et sont souvent muettes sur les mauvais, ne disant rien des tensions et des conflits qui devaient naître dans ce lieu clos qu'est un navire en mer. On sait que les équipages considéraient qu'une femme à bord portait malheur, mais ces témoignages montrent que quelques-unes furent appréciées et estimées, comme **Madame Chevalier**, à bord du trois-mâts *Bretagne*, ou **Madame Tattevin**, sur l'*Émilie-Galline*, connue par tous sous le nom affectueux de **Madame Delphine**. À d'autres, on attribuait volontiers le mérite d'avoir porté chance au navire. C'est le cas de **Madame Jeannin**, clandestine à bord du trois-mâts *Suzanne*, en 1917, qui arrive en Australie sans dommages après un voyage mouvementé.

Mais toutes ne vont pas jusqu'à suivre l'exemple de **Madame Beard**, l'épouse du capitaine Elijah Beard, évoquée dans *Jeunesse* par Joseph Conrad[46] : «*Madame Beard vint de Colchester voir le vieux. Elle s'installa à bord (...). C'était une vieille femme au visage tout parcheminé et vermeil comme une pomme d'hiver, avec une silhouette de jeune fille. Elle me surprit une fois à coudre un bouton et insista pour que je lui donne mes chemises à raccommoder. Cela me changeait des épouses des capitaines que j'avais connues à bord des clippers d'élite. Quand je lui eus apporté les chemises, elle me dit : "et les*

[46] Joseph Conrad a vingt-quatre ans quand il embarque à Londres à bord du *Palestine*, dont il fait le *Judée*, commandé par le capitaine Elijah Beard, âgé de cinquante-sept ans. C'est un trois-mâts barque de 427 tonneaux, de l'armement John Wilson, de South Hackney, en partance pour Bangkok en 1881.

chaussettes ? elles ont besoin d'être reprisées, j'en suis sûre. Les affaires de John (le capitaine) sont toutes en état maintenant, je serais contente d'avoir quelque chose à faire ". Ah ! la brave vieille ! Elle passa en revue tout mon paquetage (...).»

Certaines, on le sait, avaient du caractère et se mêlaient volontiers des affaires de leur mari, telle Madame Boju qui demande à Joseph : *«(...) de réduire la voilure ou de remettre de la toile»*, ou **Madame Lefeuvre** qui, à Saïgon, peu intimidée, interpelle le commissaire de la Marine à la place du capitaine. Le contre-exemple de **Madame Boju**, sur laquelle le pilotin Le Scouëzec nous donne des appréciations assez méchantes, est le seul témoignage négatif que nous ayons trouvé à propos de la présence d'une femme à bord d'un grand navire de commerce français. Cet exemple du manque de discrétion de Madame Boju montre que certaines ne s'embarrassaient pas de manières. Mais d'une façon générale, très dignes, conscientes du rôle qu'elle jouaient à bord, elles savaient tenir leur place et leur présence à bord était souvent un réconfort dans les moments difficiles ou les périodes de cafard. Madame Rabecq souligne que *«(...), sa seule présence adoucit bien des choses et en impose à l'équipage, inconsciemment peut-être (...), de son tact dépend parfois l'ordre et la bonne entente de tous (...)»*.

Filles de capitaine au long cours, d'armateur ou de charpentier de navire, ces jeunes femmes étaient presque toutes issues du monde maritime. **Madame Sautrel** est l'exemple même de ce que pouvait générer ce milieu à cette époque. Fille de capitaine, sœur de capitaine, elle n'y échappe pas puisqu'elle épouse un jeune capitaine au long cours. Ses deux belles-sœurs, elles aussi épouses de capitaines au long cours, Mesdames Jacques et Joseph Boju, voyageront également avec leurs maris-capitaines.

Madame Augé fait exception, c'est une terrienne. Elle arrive de Romorantin pour embarquer au Havre sur le trois-mâts *Dieppedalle*, mais elle se souvient que *«à ce moment-là, je me jurais qu'il (le capitaine) n'aurait pas à se repentir de m'avoir emmenée et je tins parole. J'emportais mon chat, une caisse de livres, mon paroissien (missel), un piano, un jeu de dames et ma tapisserie (...)»*.

Enfants, toutes devaient avoir l'habitude d'être servies, situation qu'elles retrouveront à bord. La «propreté de l'arrière», où logeaient le capitaine et son état-major, était le travail des mousses, voire des novices qui servaient aussi à table. Le cuisinier préparait pour « l'arrière » des repas autres que ceux de l'équipage et il n'était pas dans les attributions de la femme du capitaine de s'en préoccuper. Toutefois, quelques-unes, profitaient de la cuisine aux heures de repos du chef, pour faire des pâtisseries pour leur plaisir et celui de l'équipage.

Au cours des escales, en bonnes maîtresses de maison, elles avaient le devoir d'accueillir dignement les invités du capitaine, agents maritimes ou autorités portuaires, mais aussi les collègues de son mari, capitaines des autres navires sur rade, français ou étrangers. Il semble acquis que ces jeunes femmes étaient pour la plupart issues de la bourgeoisie, petite ou grande, qui constituait une forme d'aristocratie maritime. Femmes du « seul maître à bord », elles avaient un rang à tenir en mer comme à terre, à l'exemple de Madame Rio qui devint femme de ministre.

Deux élégantes sur le pont d'un navire marchand américain à Seattle (Washington) en 1902. © DR

Livre d'or des femmes de capitaines embarquées à bord des long-courriers

On aimerait savoir plus précisément combien de femmes de capitaines ont réellement pris passage sur les navires de leurs maris et couvrir l'étendue de cette histoire. Quarante-cinq femmes nous sont connues ; il y en eut d'autres bien évidemment, mais la dispersion des archives rend la recherche très compliquée, voire impossible. Nous les avons classées par ordre alphabétique. Les noms suivis d'un astérisque font l'objet d'un développement au chapitre « témoignages et récits », pages 41 et suivantes.

1. Madame ARNAUDTIZON

L'épouse du capitaine Ludovic Arnautdizon, embarque plusieurs années avec son mari-capitaine, pour les Antilles, puis pour le long cours, d'abord sur le trois-mâts François, de l'armement Georges Ehrenberg, navire armé au Havre, d'octobre 1900 à 1902, pour deux voyages en Australie et en Amérique du Nord. Elle embarque ensuite, avec ses deux petites filles, sur les grands voiliers de la Société des Voiliers Français, également armés au Havre ; le trois-mâts *Général Foy*, puis *Émilie Galline* et *Jeanne Cordonnier*, passant plusieurs fois le cap Horn.

2. Madame AUGÉ*

L'épouse du capitaine Lucien Augé née à Romorantin, embarque au Havre à bord du trois-mâts barque *Dieppedalle* de la Compagnie Rouennaise de Transports Maritimes, pour un voyage, en Nouvelle-Calédonie. Le navire quitte Le Havre le 6 décembre 1906, et fait voile sur Thio. De là, après avoir chargé, il fait son retour sur Le Havre le 5 juillet 1907. P. 73

3. Madame BERNADAC

L'épouse du capitaine Eugène Bernadac embarque sur le trois-mâts *Jacques* de l'armement Ehrenberg, du Havre pour un voyage en Nouvelle-Calédonie, en 1905-1906. Le capitaine Eugène Bernadac reprend le commandement de ce navire qu'il avait déjà conduit de 1897 à 1900. Madame Bernadac a vraisemblablement fait deux autres voyages à bord du *Jacques*, en Asie et en Californie, jusqu'en 1910.

4. Célina BOJU*

L'épouse du capitaine Joseph Boju embarque à bord du quatre-mâts barque *Émile-Renouf*, de la Compagnie Havraise de Navigation, en juillet 1897. Elle accompagne son mari-capitaine, lors des trois voyages sur ce navire. Pour le troisième voyage, leur fils Léon, âgé de cinq ans, est à bord. L'*Émile-Renouf* fait naufrage en Nouvelle-Calédonie le 6 février 1900. Célina Boju a vraisemblablement passé trois fois le cap Horn. P. 44

5. Louisette BOJU*

L'épouse du capitaine Jacques Boju embarque en qualité de passagère sur le beau quatre-mâts barque *Champigny* de la Société des long-courriers français, qui vient d'être livré à ses armateurs. En juin 1902, le navire a chargé du charbon à Perth, en Écosse, pour Honolulu, d'où il relève pour San Francisco où il arrive au mois de janvier 1903.
Enceinte, Louisette Boju est contrainte de débarquer à San Francisco, son mari ne prenant pas le risque d'un accouchement en mer, loin de tout.
Courageusement, elle traverse l'Amérique en train jusqu'à New York et prend passage sur un paquebot pour Le Havre, où elle arrive à temps pour mettre au monde un petit garçon prénommé Jacques, comme son père.
Au mois de mai 1904, elle embarque pour le second voyage du même navire venant de Swansea, en escale à Brest pour remplir les formalités relatives à l'octroi de la prime de navigation. Elle emmène avec elle leur petit Jacques. Le navire fait voile vers San Francisco par le cap Horn. De là, le navire relève pour Sydney, en Australie, et fait son retour sur Cardiff, en juillet 1905, ayant bouclé le tour du monde complet, par les trois caps, ce qui fait de Louisette Boju et du petit Jacques des cap-horniers. P.53

Note : Les trois belles-sœurs, Louisette et Célina Boju et Madame Sautrel, demoiselle Boju, naviguent à la même époque.

6. Madame BOUDROT

Madame Boudrot embarque en qualité de passagère sur le trois-mâts *Belen* de Nantes, commandé par son mari de 1901 à 1911, d'abord pour la Compagnie celtique maritime, puis sur le même navire, devenu le *Jeanne-d'Arc*, pour la Compagnie navale de l'Océanie. Fait assez curieux, la belle-sœur du capitaine, sans doute la sœur de Madame Boudrot, est également à bord. Elle aura quelques frayeurs en mer. Une année, au passage du cap Horn, dans un froid épouvantable, le navire est pris dans des glaces hautes comme des immeubles de quatre ou cinq étages. Craignant que l'iceberg qui les bloque ne s'écroule sur le navire, l'équipage et les passagères se préparent à quitter le bord dans les chaloupes qui sont approvisionnées pour cela. Heureusement l'équipage, armé de piques, finit par dégager le navire de sa dramatique situation ; et nos deux passagères en sont quittes pour une belle frayeur.

7. Madame CAVELAN*

Madame Cavelan, épouse du capitaine Armand Cavelan, fait un voyage en qualité de passagère, embarquée sur le trois-mâts barque *Jacobsen*, de la société Les voiliers dunkerquois, de 1912 à janvier 1913. P. 95

8. Madame CHEVALIER*

L'épouse du capitaine Abel Chevalier, embarque à Dieppe, sur le trois-mâts barque *Desaix* de la Compagnie maritime française, de Nantes, en janvier 1912, pour un voyage sur le Chili, retour sur Hambourg, le 7 janvier 1914. Ensuite elle suit son mari-capitaine, à bord du trois-mâts *Bretagne*, de l'armement Léon Guillon & Cie de Nantes, embarquant à Hambourg le 22 juin 1914. Elle reste à bord jusqu'au 20 octobre 1921, quittant le navire à Bordeaux, de retour d'Australie. P. 101

9. Madame CONDROYER

L'épouse du capitaine Condroyer l'accompagne à bord du trois-mâts barque *Suzanne*, de la Compagnie havraise de navigation (Ed. Corblet & Cie), pour neuf voyages à son bord, de 1901 à 1909, dont une belle traversée de quatre-vingt-neuf jours du Havre à Thio, en Nouvelle-Calédonie.

10. Madame DAVID

Native de Saint-Lunaire, épouse du capitaine Léonce David, elle franchit le cap Horn avec son mari-capitaine, vraisemblablement à bord du *Pilier*, de l'armement nantais Jean-Baptiste Étienne, que commande son mari entre 1902 et 1913.

11. Madame DEJOIE

L'épouse du capitaine Dejoie embarque en qualité de passagère sur le trois-mâts barque *Duguesclin*, de l'armement Louis Bureau et Fils. Elle reste à bord dix-huit mois, entre 1894 et 1901, sa présence à bord n'étant pas considérée comme un bon présage par les marins.

12. Madame DELANOË*

L'épouse du capitaine Émile Delanoë embarque avec sa fille Marcelle sur *Le Pilier*, de l'armement nantais Jean-Baptiste Étienne. Le capitaine Émile Delanoë emmène son épouse et sa fille Marcelle, âgée de cinq ans, pour un voyage au Chili, du 6 juillet 1914 au 23 avril 1915, ce qui leur vaut de doubler le terrible cap Horn en pleine guerre. Ils touchent Montevideo le 26 décembre, après soixante-trois jours de mer. Puis le trois-mâts fait voile sur La Plata d'où il repart, le 28 février 1915, pour arriver à Callao (Pérou) le 23 avril, après 55 jours de mer, là, Madame Delanoë enceinte et sa fille Marcelle débarquent. P. 97

Mademoiselle Marcelle DELANOË*

Marcelle Delanoë (Madame Hervy-Delanoë), fille du capitaine Délanoë, embarque avec sa mère sur le trois-mâts *Le Pilier*, en 1914-1915, puis sur le *Laënnec*, en 1920. Elle a écrit ses souvenirs sous le titre *Comment je devins Cap-Hornière*. P. 97

13. Madame DRILLET

L'épouse du capitaine Hubert Drillet embarque sur le trois-mâts *Général Neumayer* de l'armateur nantais Norbert Guillon, en 1904, pour un voyage sur l'Australie et Madagascar. Le navire va relâcher à l'île Maurice pour lui permettre de mettre au monde leur premier enfant. Elle raconte : *« Je l'accompagne au cours de voyage. Ma petite fille est née à Fort-Louis, à l'île Maurice, nous l'avons appelée Mauricia (…) »*. Elle va rester à bord jusqu'en juin 1907. Plus tard, elle naviguera à nouveau avec son mari qui a fait (suite page 112) construire une goélette de 200 tonneaux, *La Marie*, avec laquelle il fait des voyages de chasseur sur Terre-Neuve. Cap-hornière, mère de six enfants, Madame Drillet a été membre d'honneur de l'Amicale internationale des capitaines au long cours cap-horniers.

14. Madame ERNOUF*

L'épouse du capitaine Lucien Ernouf succède à Madame Augé sur le trois-mâts *Dieppedalle*, de la Compagnie rouennaise de transports maritimes. Elle embarque pour deux voyages en Nouvelle-Calédonie de juillet 1907 à décembre 1908. Au retour du second voyage, Madame Ernouf vit la même mésaventure que Madame Augé deux ans plus tôt. En octobre 1908, au sud-est des Malouines, le navire reste bloqué douze jours dans les glaces. Arrivés au Havre, Madame Ernouf et son mari-capitaine quittent le bord. Elle reste à terre et il devient armateur à Granville. P. 81

15. Madame FICHEUX

L'épouse du capitaine Ficheux embarque en qualité de passagère sur le trois-mâts barque *Marguerite-Dollfus*, de la Société des voiliers français, immatriculé au Havre, puis sur le trois-mâts barque *Marguerite-Molinos*, du même armement, de 1903 à 1905.

16. Madame FLOCH

L'épouse du capitaine Joseph Floch, jeune mariée, embarque pour son voyage de noces sur le trois-mâts *Neuilly*, de la Société général d'armement. Elle fera deux longs voyages sur ce navire. Du premier, qui l'a emmenée de Limerick en Australie, Hobart et Port Adélaïde, elle ramène une petite fille née deux heures après son arrivée à Brest.
Du deuxième et dernier voyage, c'est un garçon qu'elle ramène, né un mois après son débarquement. Elle quitte le navire avec son mari le 23 juillet 1912.

17. Madame GUERPIN*

L'épouse du capitaine François Guerpin, jeune mariée, embarque pour son voyage de noces sur le trois-mâts barque *Hautot* de la Compagnie rouennaise de transports maritimes pour un voyage en Nouvelle-Calédonie, en 1906. Chargement fait, l'*Hautot* quitte Thio le 4 juillet pour Glasgow et ne donne plus jamais de ses nouvelles ; considéré disparu corps et biens, vraisemblablement pris par les glaces en dérive au large des îles Falkland. P. 77

18. Madame HENRY*

Native de l'Île d'Yeu, l'épouse du capitaine Armand Henry fait deux voyages au long cours avec son mari-capitaine. Le premier sur le trois-mâts barque *Brenn*, de la Compagnie celtique maritime, de juillet 1908 à juin 1909. Enceinte, elle débarque à Sydney et rentre toute seule de l'autre bout du monde à bord du vapeur *Salazie* des Messageries maritimes. Elle accouche à terme à l'île d'Yeu, le 21 novembre 1909, d'une belle petite fille prénommée Marcelle.
Deux ans plus tard, elle embarque pour un nouveau voyage en Nouvelle-Calédonie, cette fois sur le trois-mâts barque *Jeanne-d'Arc*, de la Compagnie navale de l'Océanie, de novembre 1911 à novembre 1912. Triste voyage, à l'escale de Nouméa elle apprend le décès de sa fille Marcelle. Son petit-fils Jean-François Henry raconte : *« Madame Henry, qui avait laissé à l'île d'Yeu, son pays natal, sa petite Marcelle, apprît la mort du bébé, le 2 mai 1912, à son arrivée à Nouméa. L'enfant avait contracté une broncho-pneumonie alors que sa mère était encore en relâche à Dungeness, retardée par le mauvais temps en Manche. Le télégramme, lui annonçant les craintes qu'inspirait la santé de l'enfant à la réception duquel elle aurait pu se rendre près de lui, ne lui fut pas remis avant l'appareillage et ne fut transmis qu'en Calédonie »*. P. 88

19. Madame HOGREL

L'épouse du capitaine Hogrel embarque en qualité de passagère sur le trois-mâts barque *Versailles*, de la Société des long-courriers français, armé au Havre.

20. Madame JEANNIN (I)*

Première épouse du capitaine Pierre Jeannin, elle embarque à bord du trois-mâts *Suzanne*, de la Compagnie havraise de navigation (Ed. Corblet & Cie), de 1915 à 1917, pour un voyage en Nouvelle-Calédonie. Cap-hornière, elle décède à l'âge de 24 ans. P. 92

Mademoiselle Suzanne JEANNIN *

La fille du capitaine Pierre Jeannin, Suzanne, est née en 1915, à bord du trois-mâts barque *Suzanne*, qui lui donne son prénom. Elle a doublé trois fois le cap Horn. Suzanne Jeannin, devenue Madame Saran, a été secrétaire de l'Amicale internationale des capitaines au long cours cap-horniers. P. 92

21. Madame JEANNIN (II)

Seconde épouse du capitaine Pierre Jeannin, cap-hornière, elle passe deux fois le cap Horn. Quelque temps après l'Armistice, fin 1918, elle embarque pour trois voyages accompagnant son mari, sur le trois-mâts *Suzanne*, de l'armement Corblet : Melbourne, Le Havre et Port Adelaïde, Le Havre, en « passagère régulière » avec sa petite fille Suzanne. Le troisième voyage se termine à Cardiff, venant d'Australie, le 24 septembre (ou octobre) 1921. De là, le *Suzanne* est dirigé sur Saint-Nazaire où il est désarmé.

22. Madame JUTEAU

L'épouse du capitaine Juteau embarque en qualité de passagère sur le trois-mâts barque *Notre-Dame-d'Arvor*, de la Société nouvelle d'armement, de Nantes, en 1913.

23. Madame LECLERC

L'épouse du capitaine Ernest Leclerc embarque en qualité de passagère, avec sa fille de 6 ans, à bord du trois-mâts carré *Duguay-Trouin*, de la Société bretonne de navigation. Le navire est armé pour la Nouvelle-Calédonie, chargeant à Pouembout.

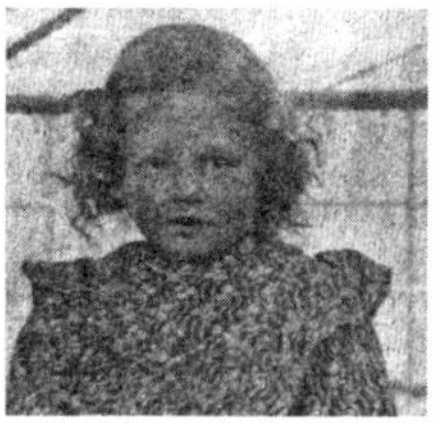

Mademoiselle LECLERC *

Mademoiselle Leclerc, née le 7 juillet 1901, embarque avec ses parents sur le trois-mâts *Duguay-Trouin*. Elle passe le cap Horn en 1908, à l'âge de six ans. P. 80

24. Hortense LEDRU*

L'épouse du capitaine Georges Ledru, mène une longue carrière maritime avec son mari ; trois voyages à bord du *Buffon*, de la Compagnie maritime française, de Nantes ; un premier, écourté, en 1904, deux de mai 1905 à juillet 1908, puis à bord du *La Pérouse*, navire du même armement, pour deux voyages, de septembre 1908 à juillet 1910. En cinq voyages, et près de cinquante mois de navigation, Madame Ledru a franchi cinq fois le cap Horn, naviguant avec ses fils Georges puis René. P. 54

25. Madame LEFEUVRE*

Le capitaine Ambroise Lefeuvre, de Trentemoult, prend le commandement du trois-mâts *Cannebière* sur chantier, au mois de mai 1900, et va le garder jusqu'en 1905. Son épouse, fille d'un constructeur de navires, embarque en qualité de passagère, d'abord pour deux voyages avec son mari-capitaine sur le *Cannebière*, armé pour la Nouvelle-Calédonie. En 1904, le bateau est en Indochine et Madame Lefeuvre se trouve toujours à bord. P. 48

26. Madame LE HUÉDÉ

L'épouse du capitaine René Le Huédé embarque sur le trois-mâts barque *Eugénie-Fautrel*, de la société G. Ehrenberg du Havre, en qualité de passagère en 1903 (ou 1904), destination Seattle.

27. Madame LELIÈVRE

L'épouse du capitaine Henri Lelièvre embarque sur le trois-mâts barque *Bretagne*, de l'armement nantais Léon Guillon & Cie, pour son voyage de noces qui dure une année presque jour pour jour. Quittant Hambourg le 13 juin 1913 pour Honolulu, par le cap Horn doublé en une semaine, mais des calmes retardent le navire dans le Pacifique ; il n'arrive à Honolulu que le 7 novembre, d'où il repart le 9 décembre 1913, pour Portland, qu'il touche le 28. Là, presque tout l'équipage déserte, mais le capitaine réussit à reconstituer un équipage de fortune pour repartir le 2 février 1914, avec une cargaison de blé et d'orge (suite page 116) à destination d'Ipswich. L'entrée de la Manche est atteinte en cent trente et un jours de mer. Il arrive à Ipswich le 19 juin 1914. Un voyage assez éprouvant, le capitaine et son épouse quittent le bord le 22 juin.

28. Madame LEMAÎTRE

On sait seulement que l'épouse du capitaine Lemaître a embarqué au long cours.

29. Madame LEMERLE

L'épouse du capitaine Aristide Lemerle embarque sur le trois-mâts barque *Dupleix*, de la Société des armateurs nantais pour plusieurs voyages, de 1902 à 1908 bien que l'équipage estimât : «qu'une femme à bord portait malheur». En 1908, pour son dernier voyage, elle a une grande frayeur, la cargaison de salpêtre prend feu, le navire arrive heureusement en vue de Bilbao. Il faut le saborder pour éteindre l'incendie, mais il est relevé et remis à flot malgré ses avaries.

30. Madame LUCAS*

L'épouse du capitaine Stanislas Lucas, jeune mariée, embarque à Swansea sur le trois-mâts *Hoche* de la Compagnie maritime française, lors de son voyage inaugural, d'août 1901 et retour en Europe, en juin 1902. P. 49

31. Madame MACÉ*

En novembre 1902, le capitaine Joseph-Marie Macé prend le commandement du trois-mâts barque *René* de l'armateur nantais Léon Guillon à son neuvage.
Son épouse le suit et embarque pour plusieurs voyages.
En 1905, il fait son retour d'une campagne du blé en Australie et, le 3 août, encalminé dans le pot au noir, le second Louis Malbert se rend à bord du Brenn, de la Celtique maritime, avec lequel il échange du biscuit de mer « (...) contre quelques douceurs destinées à Mme Macé » ; ce sont les bienfaits du pot au noir qui ont permis cette rencontre. Madame Macé débarquera à Cardiff, au mois de septembre. P. 63

32. Madame MARTIN

L'épouse du capitaine Louis Martin embarque à Christiania (Danemark), en septembre 1903, sur le trois-mâts barque *Élisabeth*, de l'armement Charles Tiberghien et fils de Tourcoing, immatriculé à Dunkerque ; voilier géré par Prentout, Leblond & Cie, de Rouen. Jeune capitaine de 27 ans, c'est au Danemark que le capitaine Martin fait la connaissance de celle qui devient sa femme et la tradition scandinave voulant que la femme du capitaine embarque avec son mari, celle-ci le suit sur l'*Élisabeth*. Il quitte Christiania le 6 novembre 1903 pour Melbourne où il arrive le 4 février 1904. Il charge du blé pour Falmouth puis est envoyé sur Hambourg, Après déchargement il retourne en Norvège, à Frédérikstadt, pour un voyage de bois à destination de Melbourne. Il entreprend un troisième voyage en 1905-1906. Leur fils naît sur l'*Élisabeth*, dans les parages tourmentés des îles Malouines, après le passage du cap Horn. Après trois voyages au long cours, Madame Martin reste à terre pour élever son fils, qui deviendra à son tour capitaine au long cours. Le capitaine Louis Martin fait encore un voyage sur l'*Élisabeth* avant de quitter la navigation.

33. Madame MITHOIS

L'épouse du capitaine Arthur Mithois embarque sur le trois-mâts barque *Bidard*, de la Société bayonnaise de navigation (ou la Société des voiliers normands, gérée par Prentout, Leblond & Cie), de septembre 1901 à 1903, pour un voyage en Nouvelle-Calédonie et un long voyage la conduisant en Australie, à San Francisco, aux Indes et retour en France.

34. Marie OLIVAUX*

Cet embarquement semble être un cas unique. Marie Olivaux est l'épouse de Raphaël Olivaux, second du trois-mâts *Hoche* de la Société nouvelle d'armement, commandé par le capitaine Joseph Marie Durand. On ne sait pas grand-chose sinon qu'elle embarque comme passagère, avec l'enfant du couple, de mai 1914 à septembre 1915, et disparaît dans le naufrage du navire, en octobre 1915. P. 96

35. Madame POLLÈS

L'épouse du capitaine Charles Pollès embarque sur le quatre-mâts barque *Émilie-Siegfried*, de la Compagnie havraise de navigation (Ed. Corblet & Cie), en 1906-1907. (suite page 118)

L'*Émilie-Siegfried*, venant de Nouméa, arrive à Thio, le 2 janvier 1907. Chargement fait, il en repart le 19 janvier pour Glasgow. Madame Pollès, passagère à bord de l'*Émilie-Siegfried*, a raconté combien le spectacle des glaces en dérive sous un beau clair de lune, dans l'océan Austral, lui avait semblé magnifique. Ce n'est qu'après avoir atteint des parages plus sûrs que son mari lui fit connaître les risques qu'elle avait courus.

36. Madame RABECQ*

L'épouse du capitaine Léopold Rabecq embarque sur le trois-mâts barque *Ville-de-Dijon* de la Compagnie des voiliers havrais (Henri Génestal et fils), du Havre. Son mari en avait pris le commandement à New York, en 1908, et l'avait ramené à Queenstown en cent seize jours. Madame Rabecq embarque à Queenstown pour un unique voyage en Australie, le navire revenant sur Anvers avec un chargement de blé, en juillet 1909. P. 85

37. Madame RAULT

La première femme du capitaine Jean-Marie Rault embarque à bord du trois-mâts barque *Olivier-de-Clisson*, de la Société bretonne de navigation, en 1905. Embarquée en qualité de passagère, elle meurt en couches, à bord, un jour de tempête.

38. Madame RIHOUET

L'épouse du capitaine Rihouet embarque sur le trois-mâts barque *Bonneveine*, de la Société des voiliers marseillais (ou la Compagnie havraise de navigation - Ed Corblet & Cie), en 1910-1911, pour un voyage en Nouvelle-Calédonie.

39. Madame RIO*

Il est vraisemblable que Madame Rio, épouse du capitaine Alphonse Rio, ait embarqué pour un voyage sur San Francisco et Portland, dans l'Oregon, à bord du *Sully*, voilier de la Compagnie maritime française, en 1902-1903. P. 82

40. Madame ROSÉ*

L'épouse du capitaine Maurice Rosé, embarque sur le trois-mâts barque *Michelet*, de la Compagnie maritime française, de Nantes. Le capitaine Rosé, de Saint-Malo, prend le commandement du trois-mâts, en 1905 et le garde plusieurs années, jusqu'en 1918. Mme Maurice Rosé fait quatre campagnes avec son mari, naviguant quarante-huit mois sur le *Michelet*, entre autres vers le Japon, l'Amérique et la Nouvelle-Calédonie. Elle a laissé trois enfants à Saint-Malo. Leur dernière fille, Pierrette, navigue avec sa mère. P. 71

41. Madame SAUTREL*

L'épouse du capitaine Sautrel, sœur du capitaine Jacques Boju, embarque pour son voyage de noces, de 1901 à 1903, sur le trois-mâts *Marguerite-Dollfus* de la Société des voiliers français. Un voyage mouvementé qui dura vingt-huit mois et la conduisit en Californie et en Australie. P. 51

42. Marie-Joséphine STÉPHAN*

Fille d'armateur, l'épouse du capitaine Pierre Stéphan, marié à Brest, le 15 novembre 1905, accompagne son capitaine sur le *Président-Félix-Faure*, de l'armement Brown et Corblet, pour un voyage en Nouvelle-Calédonie, du 30 novembre 1905 au 14 septembre 1906 ; puis pour deux voyages, toujours pour la Nouvelle-Calédonie, sur l'*Ernest-Siegfried*. Elle a passé trois fois le Cap Horn, à bord du *Président-Félix-Faure* et de l'*Ernest-Siegfried*. P. 65

43. Madame TATTEVIN

L'épouse du capitaine Tattevin embarque en qualité de passagère pour le deuxième voyage du trois-mâts barque *Émilie-Galline* de la Société des voiliers français, armé au Havre pour

(suite page 120)

la Nouvelle-Calédonie, en 1900. En janvier 1901, sur rade de Thio, il essuie un cyclone qui le porte au plein près de l'entrée de la rivière. Le renflouement du navire et les réparations à Sydney, en Australie, où il est remorqué, demanderont plusieurs mois. Madame Tattevin était connue de tous les marins sous le nom affectueux de Madame Delphine.

44. Madame TROTEL

Le capitaine Moïse Trotel prend le commandement du trois-mâts barque *Pierre-Loti*, de l'armement nantais Norbert et *Claude Guillon*, à son neuvage en février 1901 et le garde jusqu'en 1904 ; son épouse le suit, pour un ou plusieurs voyages embarquée, avec l'autorisation des armateurs.

45. Madame ZOONEKINDT

L'épouse du capitaine Zoonekindt embarque sur le trois-mâts *Cornil-Bart* de la société Les voiliers dunkerquois, en 1907. C'est le cinquième voyage du bateau à Portland (Oregon), d'où il relève pour la Nouvelle-Calédonie. C'est à bord que Madame Zoonekindt va mettre au monde leur fille Émilienne. Le navire est désarmé fin février 1909, après un long voyage autour du monde de quinze mois et vingt jours. Madame Zoonekindt réembarque avec la petite Émilienne, âgée de quatre ans, sur le même navire en 1911. Elle va rester à bord pour deux ou trois voyages, jusqu'en mai 1915, le navire étant alors désarmé à Dublin. Elle a passé quatre fois le cap Horn.

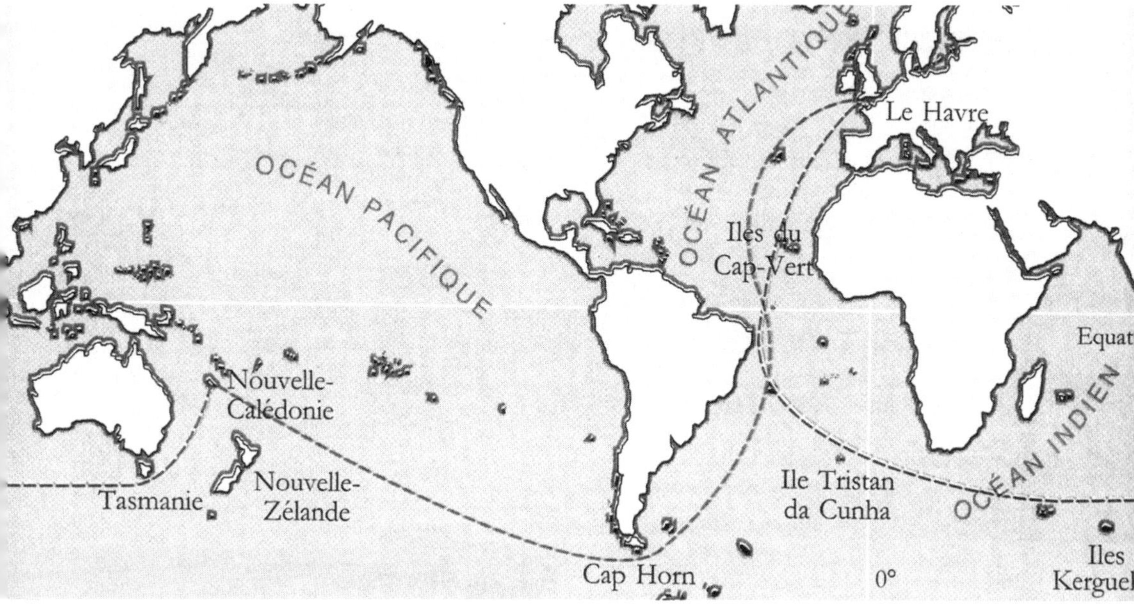

Trajet du *Président-Felix-Faure* de l'armement Brown et Corblet, pour un voyage en Nouvelle-Calédonie, du 30 novembre 1905 au 14 septembre 1906.

Armements ayant autorisé l'embarquement de « passagères »

On dénombre dix-neuf compagnies maritimes ayant autorisé l'embarquement de passagères à bord de leurs navires. Celles-ci firent un ou plusieurs voyages, parfois avec leurs enfants, totalisant plus d'une centaine d'embarquements. Pour certains armements, nous n'avons qu'un seul exemple. On peut raisonnablement penser qu'ils en autorisèrent d'autres ainsi l'armateur havrais Edouard Corblet pour lequel on compte sept épouses autorisées et vingt-trois embarquements, ou le Rouennais Prentout qui totalise, sur les différents armements qu'il gère, sept autorisations pour plus de dix embarquements.

1 - Georges Ehrenberg - Paris-Le Havre

Mme Arnaudtizon	*François*	1 voyage	1900-1902	Australie
Mme Bernadac	*Jacques*	1 (3 ?)	1905-1906 (1910)	Nouvelle-Calédonie
Mme Le Huédé	*Eugénie-Fautrel*	1	1903-1904	Seattle

2 - Société des long-courriers français - Paris-Le Havre

Louisette Boju	*Champigny 2*	2 voyages	1902-1905	San Francisco
Mme Hogrel	*Versailles*	-	-	-
Mme Floch	*Neuilly*	2	1909-1912	Australie

3 - Société des voiliers français - Paris-Le Havre

Mme Arnaudtizon, avec ses deux filles	*Général-Foy* *Émilie-Galline Jeanne-Cordonnier*	-	1902	-
Mme Ficheux	*Marguerite-Molinos* *Marguerite-Dollfus*	-	1903-1905	-
Mme Sautrel	*Marguerite-Dollfus*	-	1901-1903	Californie et Australie
Mme Tattevin	*Émilie-Galline*	-	1900-1901	Nouvelle-Calédonie

4 - Compagnie havraise de navigation - Ed. Corblet & Cie

Célina Bou et leur fils Léon	*Émile-Renouf*	3 voyages	1897-1900	Nouvelle-Calédonie
Mme Condroyer	*Suzanne*	9	1901-1909	Nouvelle-Calédonie
Mme Jeannin leur fille Suzanne	*Suzanne*	2 (ou 3)	1915-1917	Australie
Mme Jeannin avec Suzanne	*Suzanne*	3	1918-1921	Australie
Mme Pollès	*Émile-Siegfried*	1	1906-1907	Nouvelle-Calédonie
Mme Rabecq	*Ville-de-Dijon* *Suzanne*	1 1	1908-1909 1910	Nouvelle-Calédonie Nouvelle-Calédonie
Marie-Joséphine Stéphan	*Président Félix-Faure* *Ernest-Siegfried*	1 2	1905-1906 1906-1908	Nouvelle-Calédonie Nouvelle-Calédonie

5 - Compagnie rouennaise de transports maritimes, gérée par Prentout-Leblond & Cie

Mme Augé	*Dieppedalle*	1 voyage	1906-1907	Nouvelle-Calédonie
Mme Ernouf	*Dieppedalle*	2	1907-1908	Nouvelle-Calédonie
Mme Guerpin	*Hautot*	1	1906 (disparu corps & biens)	

6 - Société bretonne de navigation - Nantes, gérée par Prentout-Leblond & Cie

Mme Leclerc et leur fille de 6 ans	*Duguay-Trouin*	1 voyage	1907-1908	Nouvelle-Calédonie
Mme Rault	*Ollivier-de-Clisson*	1	1905	

7 - Armement Louis Bureau et Fils - Nantes

Mme Dejoie	*Duguesclin*	-	-	-

8 - Armement Jean-Baptiste Étienne - Nantes

Mme David	*Le Pilier*	1 voyage	-	-
Mme Delanoë et leur fille Marcelle	*Le Pilier*	1	1914-1915	Amérique du Sud

9 - Armement Léon Guillon & Cie - Nantes

Mme Chevalier	*Bretagne*	-	1914-1921	Aust. et Am. du Nord
Mme Lelièvre	*Bretagne*	-	1913-1914	Austr. et Am. du Nord
Mme Macé	*René*	2 voyages	1902-1905	Australie-Indochine

10 - Armement Norbert et Claude Guillon - Nantes

Mme Trottel	*Pierre-Loti*	-	1901-1904	-
Mme Drillet	*Général Neumayr*	1 voyage	1904-1907	Aust. et Madagascar

11 - Compagnie celtique maritime - Nantes

Mme Boudrot et sa sœur	*Belen*	-	1901-1910	-
Mme Henry	*Brenn*	1 voyage	1908-1909	-

12 - Société des armateurs nantais

Mme Delanoë et leur fille Marcelle	*Laënnec*	1 voyage	1920	Limerick-Saint-Nazaire
Mme Lemerle	*Dupleix*	-	1902-1908	Angleterre-Chili

13 - Compagnie maritime française - Nantes

Mlle Chevalier	*Desaix*	1 voyage	1912-1914	Chili
Hortense Ledru avec leurs fils	*Buffon* *La-Pérouse*	3 3	1902-1903 &1905 1907 1907-1910	San Francisco, Portland et Japon
Mme Lucas	*Hoche*	1	1901-1902	
Mme Rio	*Sully* *La-Tour-d'Auvergne*	2 1	1906-1908 1908-1909	San Francisco et Portland
Mme Rosé et leur fille Pierrette	*Michelet* *La-Tour-d'Auvergne*	4 1	1905-1909 1913	Amérique du Nord, Japon, Nlle-Calédonie et Tahiti

14 - Société nouvelle d'armement - Nantes

Mme Juteau	*Notre-Dame-d'Arvor*	-	1913	-
Marie Olivaux et son enfant	*Hoche*	2 voyages	1914-1915 1915	

15 - Société Les voiliers dunkerquois

Mme Cavelan	*Jacobsen*	1 ou 2 voyages	1911-1913	Chili
Mme Zoonekindt avec Émilienne	*Cornil-Bart*	1 2 ou 3	1907-1908 1911-1915	Portland

16 - Armement Charles Tiberghien et Fils - Dunkerque, géré par Prentout-Leblond & Cie

Mme Martin	*Élisabeth*	3 voyages	1903-1906	Australie et Danemark

17 - Société bayonnaise de navigation/Société des voiliers normands, gérée par Prentout-Leblond & Cie

Mme Mithois	*Bidart*	-	1901-1903	Nouvelle-Calédonie

18 - Société des voiliers marseillais

Mme Lefeuvre	*Cannebière*	-	1900-1905	-
Mme Rihouet	*Bonneveine*	-	1910-1911	-

19 - Compagnie navale de l'Océanie - Nouméa

Mme Henry	*Jeanne-d'Arc* (ex-*Belen*)	1 voyage	1911-1912	-

Extrait de l'Article 59 du Code civil (Loi du 8 juin 1893 - Loi du 7 février 1924)

En cas de naissance pendant un voyage maritime, il en sera dressé acte dans les trois jours de l'accouchement sur déclaration du père, s'il est à bord.
Si la naissance a lieu pendant un arrêt dans un port, l'acte sera dressé dans les mêmes conditions, lorsqu'il y aura impossibilité de communiquer avec la terre, ou lorsqu'il n'existera pas dans le port, si l'on est à l'étranger, d'agent diplomatique ou consulaire français investi des fonctions d'officier de l'état civil.
Cet acte sera rédigé, savoir : sur les bâtiments de l'Etat, par l'officier du commissariat de la marine ou, à son défaut, par le commandant ou celui qui en remplit les fonctions ; et sur les autres bâtiments, par le capitaine, maître ou patron, ou par celui qui en remplit les fonctions.
Il y sera fait mention de celle des circonstances ci-dessus prévues, dans laquelle l'acte a été dressé.
L'acte sera inscrit à la suite du rôle d'équipage.

Sources

La dame du grand-mât [Roman historique] de Jean-Jacques Antier. Collection Sud Lointain, Presses de la Cité, Paris 2004.
Clippers français de Claude et Jacqueline Briot. Éditions Chasse-Marée Armen, Douarnenez, 1993.
Possibles rêves de Catherine Chabaud. Éditions Glénat, Paris 1997.
La navigatrice passe le cap Horn en solitaire en décembre 1996.
Jeunesse de Joseph Conrad. Récit publié en 1898, édité en 1902, sous le titre *Young and Other Stories* (Jeunesse et autres récits). Traduction de G. Jean-Aubry, Bibliothèque de la Pléiade, NRF, Éditions Gallimard, Paris 1985.
Us et coutumes à bord des long-courriers d'Armand Hayet. Éd. Denoël, Paris, 1969.
La dame du grand-mât, une cap-hornière en 1900 de Jean-François Henry. Éditions Yves Salmon, Chateaugiron 1983. Préface d'Henri Queffélec, illustrations d'Horace, d'après documents photographiques.
Les derniers cap-horniers français de Louis Lacroix. Imprimerie S. Pacteau, Luçon (Vendée) 1948.
Les derniers grands voiliers de Louis Lacroix. Amiot-Dumont, Paris 1950.
Les derniers voyages de forçats et de voiliers en Guyane, Les derniers Antillais de Louis Lacroix. Imprimerie S. Pacteau, Luçon 1945.
La grande épopée des cap-horniers d'Yves Le Scall. André Bonne Éditeur, Paris 1971.
Au temps des grands voiliers 1850-1920 d'Yves Le Scall. Duponchelle-Éditeur, Paris 1977.
Le long courrier nantais Laënnec, *dernier cap-hornier français* de Daniel Le Corre dans *Chasse-Marée* n° 106, 1997.
Femmes océanes de Nadine Lefébure. Éditions Glénat, Paris 1995
Roger Vercel, écrivain maritime d'Erwann Lefilleul dans *Chasse-Marée* n° 142, p. 34.
Sur les grands voiliers de Maurice Le Scouëzec. Éd. Beltan, Brasparts 1992. Voir également *Chasse-Marée* n° 23 et n° 25, récit du voyage du même auteur à bord de l'*Émile-Renouf*.
The last of the windjammers de Basil Lubbock. Brown, Son & Fergusson Ltd, Glasgow, 1947. (deux volumes).
The colonial clippers de Basil Lubbock. Brown, Son & Fergusson, Glasgow, 1975.
Le dernier corsaire (1914-1918) de Félix von Luckner, Éditions Payot, Paris, 1929.
La fin des Cap-Horniers d'Henri Picard. Édita-Vilo, Lausanne 1976.
Hommes et navires du cap Horn de Jean Randier. Éd. Hachette, Paris 1966 (réédition MDV Maîtres du Vent).
Grands voiliers français de Jean Randier. Celiv, 1986 (rééd. MDV Maîtres du Vent).
Femmes d'aventure, du rêve à la réalisation de soi de Catherine Reverzy, Odile Jacob poche, Paris 2003.
The Voyage of the Cap-Pilar d'Adrian Seligman. New York, Dutton, 1947.
Carnets du cap Horn de Pierre Stéphan. Présenté par Roland Paringaux. Éditions Arléa, Paris, 2008.
Naufrages et aventures de M. Pierre Viaud, natif de Bordeaux, capitaine de navire de Pierre Viaud. Histoire véritable, vérifiée sur l'attestation de M. Sevettenham, commandant du *Fort St.-Marks des Appalaches*. À Bordeaux et se vend à Liège chez F.J. Desoer.
Histoire de la marine. Ouvrage édité par la revue *L'Illustration*, Paris, 1934, p. 289.
Des Normands au cap Horn. Catalogue de l'exposition. Sites et musées départementaux, Musée maritime de l'île de Tatihou, juin 2005.
Le Journal du Havre, collection conservée aux archives municipales du Havre, cote 4 M I, (microfilmé).

AUTRES SOURCES
Livre d'Or de l'Amicale internationale des capitaines au long cours cap-horniers, Musée international du long cours cap-hornier, tour Solidor, Saint-Malo.
Souvenirs du capitaine Pierre Stéphan, suivi des souvenirs de madame Marie-Joséphine Stéphan, racontés à ses petits-enfants. (Document non édité, archives Philippe Mangon).
Souvenirs du capitaine Georges Ledru à bord du Buffon, *du* La Pérouse *et du* Hoche, *de la Compagnie maritime française*. (archives personnelles de M. Jean-Pierre Ledru, non publiées).

Sommaire

Remerciements

Mes remerciements vont particulièrement à MM. Philippe Mangon, Jean-Pierre Ledru et Roland Paringaux ; à l'Association des amis du musée international du long cours cap-horniers ; à l'Amicale internationale des capitaines au long cours cap-horniers ; à Catherine Hémery, Geneviève Lebreton, Annie et Jean Terraillon pour leurs relectures attentives ; à Philippe Bernet pour son travail sur les images ; à Marie-Hélène Desjardins et Jean-Pierre Castelain pour leurs encouragements soutenus, et aussi à Frédéric, Sandrine et Sophie.